美丽乡村建设关键技术丛书
国家科技支撑计划项目
"长三角快速城镇化地区美丽乡村建设关键技术综合示范"研究成果

长三角快速城镇化地区自然景观特色的观光休闲型美丽乡村建设技术及应用实践

主编　汪　涛　荆肇乾
参编　王　婧　袁晓霄　丁　蕾
　　　付　浩　许珊珊　吴文佳
　　　赵　倩　陈智乾　陈思南

· 南京 ·

内容简介

本书基于国家科技支撑计划项目"长三角快速城镇化地区美丽乡村建设关键技术综合示范"的相关研究成果,从村庄自然环境保护利用和发展观光休闲产业相结合的全新视角出发,研究乡村规划的主要技术,包括针对性强的规划编制技术体系与重点内容、产业发展、空间组织、道路规划、景观营造和基础设施等的规划设计方法、建造技术,并列举相关技术措施实例。

本书可供乡村规划建设相关的工程建设人员,高校市政工程专业的本科生、硕士生参考使用。

图书在版编目(CIP)数据

长三角快速城镇化地区自然景观特色的观光休闲型美丽乡村建设技术及应用实践/汪涛,荆肇乾主编. —南京:东南大学出版社,2018.6
 ISBN 978-7-5641-7777-5

Ⅰ. ①长… Ⅱ. ①汪… ②荆… Ⅲ. ①城乡建设—研究—中国 Ⅳ. ①F299.21

中国版本图书馆 CIP 数据核字(2018)第 104334 号

长三角快速城镇化地区自然景观特色的观光休闲型美丽乡村建设技术及应用实践

出版发行:	东南大学出版社
社　　址:	南京市四牌楼 2 号　邮编:210096
出 版 人:	江建中
网　　址:	http://www.seupress.com
电子邮箱:	press@seupress.com
经　　销:	全国各地新华书店
印　　刷:	南京工大印务有限公司
开　　本:	700 mm×1000 mm　1/16
印　　张:	15
字　　数:	200 千字
版　　次:	2018 年 6 月第 1 版
印　　次:	2018 年 6 月第 1 次印刷
书　　号:	ISBN 978-7-5641-7777-5
定　　价:	78.00 元

本社图书若有印装质量问题,请直接与营销部联系。电话(传真):025-83791830

前　言

　　十九大提出乡村振兴战略,对美丽乡村建设提出了更高的要求。而长三角地区作为我国经济社会的先发地区之一,在城镇化、工业化发展过程中,不可避免造成了乡村空间的侵蚀、资源的索取、管理的忽视,乡村的基础设施、景观风貌、生态环境建设出现了许多与城乡一体化发展不协调的现象,诸如环境污染、卫生条件差、生态功能退化、特色景观风貌受损、河塘沟渠淤塞等,引起社会的广泛关注。在此背景下,2000年以后,长三角地区在全国率先开展了美丽乡村的实践探索工作。经过多年的摸索与实践,上海、浙江、江苏无论是从宏观层面还是微观层面,已经形成了许多成功的实践案例,摸索出了许多新方法、新技术。这些实践案例和技术方法都体现了美丽乡村的建设理念,是实现城乡经济社会发展一体化的基础,对于促进长三角地区乡村人居环境质量的改善具有十分重要的意义。

　　随着长三角城镇化进程进入后半程,居民收入水平的提高、休闲时间的增多,拥有自然生态的田园风光、独具特色的乡土韵味、丰富多样的民俗风情的观光休闲类美丽乡村日益受到居民的青睐。而现有的对于这类观光休闲型美丽乡村的技术储备显得较为薄弱,在研究方法、特征认知、技术体系、特色塑造技术上稍显不足。为进一步推进长三角地区自然景观特色的观光休闲型美丽乡村的建设与发展,在我们主持的国家科技支撑计划"长三角快速城镇化地区美丽乡村建设关键技术综合示范"课题的支撑下,在示范基地规划建设实践的过程中,开展了自然景观特色的观光休闲型美丽乡村建设技术及应用实践的研究。主要研究内容如下：

1. 基于对相关概念与国内外研究进展的梳理，建构出自然景观特色的观光休闲型美丽乡村建设的理念基础与系统逻辑，分析其内涵、特征。

2. 通过分析长三角地区现有美丽乡村研究基础，结合典型地区的乡村调查结果，以自然景观环境保育和旅游发展为背景，系统研究自然环境、生态环境、布局形态、特色产业等条件，构建自然景观特色的观光休闲型乡村规划技术体系，并提出适宜的生态规划技术、观光休闲模式、空间组织方式和基础设施规划设计技术。

3. 基于自然景观特色的观光休闲型乡村的自然景观特征与要素，利用空间数据、景观生态美学质量指标建立景观评价标准，确定景观规划原则，探索形成一套集成绿化景观、特色节点景观和建筑景观营造的乡村景观营造技术。

4. 结合自然景观特色的观光休闲型乡村规划目标和建设需求，探索形成一套乡村污水生态处理技术，并提出乡村污水生态处理设施景观改造技术。

5. 基于乡村观光休闲型绿色农房改造建设的需求，系统总结乡村绿色农房适宜的绿色建筑技术体系，开展适宜长三角快速城镇化地区的乡村观光休闲型绿色农房改造技术和集成应用研究。

6. 通过示范村庄全方位的综合实践、检验和反馈，推广、优化相关技术，完善建设技术集成。

本书以长三角快速城镇化地区自然景观特色的观光休闲型美丽乡村为例，从改善乡村人居环境、提升产业发展的角度，系统研究了乡村规划、建设的主要内容，不仅可以为长三角地区此类乡村规划建设提供依据和参考,而且也可应用于其他地区的同类研究和实践参考。本书由江苏省城镇与乡村规划设计院汪涛、南京林业大学荆肇乾带领课题组耗时一年多共同编写完成。在本项研究过程中,感谢国家科技支撑项目"长三角快速城镇化地区美丽乡村建设关键技术综合示范"项目主持人傅大放教授的支持和项目组共同的辛苦付出。

在研究和本书编写过程中,参考、引用了许多国内外学者的研究成果,在此表示感谢。鉴于乡村规划建设和实践的长期性和复杂性,以及本书作者学术水平的局限性,书中存在错误和疏漏之处也在所难免,敬请读者及同仁进行批评、指正。

目 录

第一章 绪论 ………………………………………………………… 1

1.1 美丽乡村规划建设技术研究背景与意义 ………………………… 1

    1.1.1 乡村振兴战略对美丽乡村建设提出新要求 ……………… 1

    1.1.2 市民乡村休闲体验需求带来新契机 ……………………… 2

    1.1.3 乡村观光休闲带来发展新需求 …………………………… 3

    1.1.4 自然景观特色类型的美丽乡村建设技术需求高 ………… 4

1.2 自然景观特色的观光休闲型美丽乡村建设技术研究的
目标与框架 …………………………………………………………… 4

    1.2.1 研究目标 ……………………………………………………… 4

    1.2.2 主要研究内容 ……………………………………………… 4

    1.2.3 研究思路与框架 …………………………………………… 5

1.3 自然景观特色的观光休闲型美丽乡村内涵 ……………………… 6

    1.3.1 美丽乡村的内涵 …………………………………………… 6

    1.3.2 观光休闲型乡村内涵与分类 ……………………………… 6

    1.3.3 长三角乡村自然景观特征 ………………………………… 7

**第二章 自然景观特色的观光休闲型美丽乡村建设规划
技术集成研究** ……………………………………………………… 8

2.1 研究思路与方法 …………………………………………………… 8

    2.1.1 研究思路 …………………………………………………… 8

  2.1.2 研究方法 ·· 9
 2.2 国内外研究进展 ·· 10
  2.2.1 理论研究 ·· 10
  2.2.2 实践研究 ·· 11
 2.3 需求特征研究 ·· 13
  2.3.1 旅游服务发展需求 ·································· 14
  2.3.2 自然景观、产业发展、村庄管理等多元化需求 ········ 16
 2.4 规划编制技术体系研究 ·································· 17
  2.4.1 传统村庄规划编制技术体系 ·························· 17
  2.4.2 自然景观特色的观光休闲型乡村的规划需求 ············ 20
  2.4.3 自然景观特色的观光休闲型乡村规划编制技术体系
     建立 ·· 20
 2.5 生态规划设计方法研究 ·································· 23
  2.5.1 自然景观型乡村生态系统特征 ························ 23
  2.5.2 基础研究 ·· 23
  2.5.3 技术方法研究 ······································ 25
  2.5.4 用地布局生态化模式 ································ 28
  2.5.5 规划技术要点研究 ·································· 30
 2.6 观光休闲模式研究 ······································ 32
  2.6.1 基础研究 ·· 32
  2.6.2 观光休闲模式研究 ·································· 36
  2.6.3 规划技术要点研究 ·································· 37
 2.7 空间布局规划设计技术研究 ······························ 38
  2.7.1 基础研究 ·· 38
  2.7.2 基地特征分析方法研究 ······························ 40
  2.7.3 空间规划设计原则与方法 ···························· 43
  2.7.4 空间规划技术要点研究 ······························ 45

2.8 道路规划设计技术研究 ………………………………… 46
   2.8.1 基础研究 ………………………………………… 46
   2.8.2 交通特征分析 …………………………………… 47
   2.8.3 道路规划技术研究 ……………………………… 50
   2.8.4 道路设计技术研究 ……………………………… 54
   2.8.5 道路规划设计技术要点研究 …………………… 56

2.9 基础设施规划技术研究 ………………………………… 58
   2.9.1 基础研究 ………………………………………… 58
   2.9.2 现状特征分析 …………………………………… 59
   2.9.3 基础设施规划技术研究 ………………………… 62
   2.9.4 规划技术要点研究 ……………………………… 70

2.10 结论 …………………………………………………… 71

第三章 美丽乡村建设景观营造技术集成研究 ………… 73

3.1 美丽乡村建设景观营造研究思路与方法 ……………… 73
   3.1.1 研究思路 ………………………………………… 73
   3.1.2 研究方法 ………………………………………… 74

3.2 生态景观方法特征与要素体系评价 …………………… 75
   3.2.1 乡村景观的内涵 ………………………………… 75
   3.2.2 乡村自然景观特征分析 ………………………… 75
   3.2.3 乡村景观要素 …………………………………… 76
   3.2.4 自然景观特色乡村景观评价标准 ……………… 77
   3.2.5 自然景观特色的观光休闲型乡村的景观规划原则 …… 80

3.3 绿化景观营造技术研究 ………………………………… 80
   3.3.1 乡村绿化建设选用的植物绿化结构调查 ……… 81
   3.3.2 乡土植物现状应用情况 ………………………… 83
   3.3.3 各类空间绿化景观营造技术要点 ……………… 84

    3.4 特色景观节点营造技术要点 ………………………… 85
    3.5 建筑景观营造技术要点 …………………………………… 86
    3.6 结论 ………………………………………………………… 87

第四章 美丽乡村污水生态处理技术集成研究 ………… 88
    4.1 乡村污水处理技术发展现状 …………………………… 88
    4.2 美丽乡村建设污水处理研究思路与方法 ……………… 90
        4.2.1 研究思路 ………………………………………… 90
        4.2.2 研究方法 ………………………………………… 90
    4.3 观光休闲型乡村污水处理需求研究 …………………… 91
        4.3.1 污水特点分析 …………………………………… 91
        4.3.2 工艺方案选择 …………………………………… 91
    4.4 观光休闲型乡村污水生态处理技术研究 ……………… 92
        4.4.1 生物过滤技术研究 ……………………………… 92
        4.4.2 人工湿地处理技术研究 ………………………… 103
        4.4.3 生物过滤及人工湿地技术研究结论 …………… 115
    4.5 乡村污水生态处理设施景观改造技术研究 …………… 117
        4.5.1 人工湿地 ………………………………………… 117
        4.5.2 生物滤池 ………………………………………… 118
        4.5.3 周边场地 ………………………………………… 118
        4.5.4 构筑物 …………………………………………… 121
    4.6 结论 ………………………………………………………… 122

第五章 美丽乡村绿色农房改造技术集成研究 …………… 124
    5.1 乡村绿色农房改造技术发展现状 ……………………… 124
    5.2 乡村绿色农房改造技术研究思路与方法 ……………… 126
        5.2.1 研究思路 ………………………………………… 126

5.2.2　研究方法 ·· 127
5.3　围护结构改造技术研究 ·· 128
　　5.3.1　外墙节能改造 ·· 129
　　5.3.2　屋面改造 ·· 131
　　5.3.3　楼(地)面改造 ·· 133
　　5.3.4　外门窗改造 ·· 133
　　5.3.5　遮阳改造 ·· 134
5.4　室内外环境提升技术研究 ······································ 135
　　5.4.1　声环境提升技术 ·· 135
　　5.4.2　通风和空气净化技术 ······································ 136
　　5.4.3　热岛效应的减缓 ·· 137
5.5　其他改造技术 ·· 137
　　5.5.1　水系统改造 ·· 137
　　5.5.2　可再生能源利用技术 ······································ 138
5.6　结论 ·· 139

第六章　美丽乡村建设技术集成示范应用实践 ················ 140

6.1　基地现状概况与建设特征 ······································ 140
　　6.1.1　胜家桥社区概况 ·· 140
　　6.1.2　胜家桥自然村建设特征 ···································· 140
　　6.1.3　李家桥自然村建设特征 ···································· 141
6.2　观光休闲型美丽乡村规划 ······································ 142
　　6.2.1　规划对策与技术体系 ······································ 142
　　6.2.2　生态规划设计 ·· 145
　　6.2.3　观光休闲模式 ·· 152
　　6.2.4　空间布局规划设计（以胜家桥社区自然村为例）
　　　　　　·· 157

    6.2.5 道路规划设计 …………………………………… 165
    6.2.6 基础设施规划 …………………………………… 171
    6.2.7 结论 ……………………………………………… 178
6.3 基地特色景观营造 ……………………………………… 179
    6.3.1 乡村景观分析及评价 …………………………… 179
    6.3.2 各类空间绿化景观营造 ………………………… 185
    6.3.3 特色景观节点营造 ……………………………… 191
    6.3.4 建筑景观营造 …………………………………… 195
    6.3.5 结论 ……………………………………………… 200
6.4 基地污水生态处理 ……………………………………… 200
    6.4.1 观光休闲型乡村污水生态处理示范工程 ……… 200
    6.4.2 乡村污水生态处理设施景观改造示范工程 …… 205
6.5 基地绿色农房改造 ……………………………………… 207
    6.5.1 示范项目概况 …………………………………… 207
    6.5.2 改造前测试与分析 ……………………………… 209
    6.5.3 改造方案 ………………………………………… 213
    6.5.4 增量分析 ………………………………………… 216
    6.5.5 示范工程改造后效果测试与分析 ……………… 216
6.6 基地长效管理建议 ……………………………………… 220
    6.6.1 构建自治组织系统,推动共管、共建 ………… 220
    6.6.2 明确划分空间权属,确定治理范围 …………… 221
    6.6.3 完善利益分配机制,建立管理基础 …………… 221

参考文献 …………………………………………………… 222

第一章 绪 论

1.1 美丽乡村规划建设技术研究背景与意义

1.1.1 乡村振兴战略对美丽乡村建设提出新要求

党的十九大报告首次提出乡村振兴战略,强调"坚持农业农村优先发展,努力做到'产业兴旺、生态宜居、乡风文明、治理有效、生活富裕',加快推进农业农村现代化"。而美丽乡村建设作为美丽中国建设的重要组成部分,自2013年中央一号文件正式提出后,也一直在指导和推动乡村的发展与变革。因此,在当前继续全力推进美丽乡村建设,促进城乡融合发展,激活乡村活力,推动乡村绿色发展,才能从根本上实现"望得见山水、记得住乡愁"的美好愿景,推动乡村振兴。

长三角作为我国城镇化和工业化的先发地区,美丽乡村建设始终处于领先地位。江苏省2011年开始实施"美好城乡建设行动",以城乡发展一体化为引领,全面提升城乡建设水平,大力推动城乡人居环境改善,选择部分特色鲜明的规划发展村庄开展美丽乡村创建示范;2016年制订了村庄环境改善提升行动计划,鼓励建设美丽宜居乡村;2017年启动了特色田园乡村建设行动计划,立足乡村产业、生态、文化等多元价值的再认识,坚持试点先行、以点带面原则,推动美丽乡村建设再升级,落实乡村振兴战略。浙江省2011年启动了美丽乡村建设行动计划,实现生产发展、生活富裕、生态文明;2016年又进一步深化了美丽乡村建设行动计划,坚持经济发展与生态保护有机结合,推动美丽乡村建设再升级。上海市也在2014年启动美丽乡村建设工作,出台了《上海市村庄规划编制与管理导则(试行)》,每年选择15个左右美丽乡村。

作为全国经济发达、城乡一体化发展先行的地区,长三角快速城镇化地区有责任也需要在新时期新阶段更深入推进美丽乡村建设,重新审视城乡关系、人与自然的关系,丰富发展内核。这既是对已有发展成效的延续,更是秉承乡村振兴战略要求,高质量推进"五位一体"建设、示范美丽乡村发展的时代使命。

1.1.2 市民乡村休闲体验需求带来新契机

据相关研究表明,当人均收入达到1 000美元,城乡恩格尔系数维持在50%以下时,居民用于休闲娱乐的支出占总支出比例将大大增加[1],从而推动休闲旅游的发展。我国经历40年的改革发展,经济水平有了显著提高,GDP仅次于美国,人均收入已突破4 100美元,全国居民恩格尔系数下降为29.3%,这为市民休闲娱乐提供经济保障。

当前我国法定假日和周末双休日已达到115天,带薪年假也逐步规范化,为职工外出休闲度假创造了有利条件。此外,随着当前城市人口急剧扩张,交通拥挤、环境污染、工作压力大等问题逐渐凸显,为了摆脱环境和精神的困扰,越来越多的城市居民选择到农村体验生活,走进自然,感受农村秀美的山水、清新的空气,体味淳朴的民风和奇特的民俗。

长三角城镇化发展水平在全国处于领先地位,城乡关系即将迈入新阶段。借鉴国际乡村发展经验,未来其应努力建设立足乡土社会、富有地域特色、承载田园乡愁、体现现代文明的观光休闲类乡村[2]。因此,居民收入水平的提高、休闲时间的增多以及城市病的加重将为长三角观光休闲类乡村的发展带来新的机遇。

1.1.3 乡村观光休闲带来发展新需求

观光休闲类乡村为游客提供了有别于城市的自然生态的田园风光、独具特色的乡土韵味、丰富多样的民俗风情等旅游体验,这势必对乡村自身的自然生态保护、乡土特色塑造和公共服务配套等提出了新的更高的要求。

由山、水、田、林、村构成的乡村生态环境,以及独特的农业生物资源与生物多样性,都是观光休闲类乡村重要的旅游资源,应加以重视、保护和有效利用,以拓展乡村生态旅游产业链。同时,也要加强乡村污水、废气、固废等常见污染的综合治理。

观光休闲类乡村应呈现多姿多彩的"千村万貌",给游客带来新奇的体验。因此,在乡村的"形"上,应根据其地形地貌、自然环境的差异,营造独具乡土气息的风貌,为游客呈现原生的田园风光、原真的乡村风情、原味的历史质感;在乡村的"魂"上,应充分发掘乡村的个性和特色,融入生态文化、历史文化、民俗文化等元素,孕育出村落的独特气质与性格。

乡村的观光休闲发展需要具备相对完善的服务设施配套,满足游客吃、穿、住、用、行等多样化的需求,同时也要注重道路、环卫等基础设施的建设,方便游客进出,保障游览的舒适体验。

1.1.4 自然景观特色类型的美丽乡村建设技术需求高

目前围绕观光休闲型乡村的实践较多,但研究还较为不足,尤其是针对不同类型的乡村差异性研究较少,构建的规划建设技术体系也不完善,部分技术适用性不强。其中,自然景观特色的观光休闲型美丽乡村占比较高,旅游需求量更大,亟须有针对性地开展规划建设技术研究以指导实际发展。

1.2 自然景观特色的观光休闲型美丽乡村建设技术研究的目标与框架

1.2.1 研究目标

结合美丽乡村的创建工作,围绕当前大量乡村转型发展观光休闲产业的实际需求,研究展开长三角快速城镇化地区自然景观特色的观光休闲型美丽乡村建设技术综合示范,包括利用相关技术保证美丽乡村在生态、景观、生活和产业发展上的协调互动,并通过示范村庄全方位的综合实践、检验和反馈,推广相关技术,为长三角快速城镇化地区观光休闲型美丽乡村的发展建设提供示范样本和技术支撑。

1.2.2 主要研究内容

主要研究内容:包括自然景观特色的观光休闲型乡村规划技术和自然景观特色的观光休闲型美丽乡村建设技术集成两方面。其中建设技术围绕发展需求,重点探讨包括自然生态景观营造技术、具有景观特色的乡村污水生态处理技术和满足景观需求的乡村绿色农房改造技术。

1.2.3 研究思路与框架

研究首先基于内涵研究分析长三角快速城镇化地区自然景观特色的观光休闲型美丽乡村转型发展的实际需求,梳理相关概念与国内外研究进展,研究建构适应自然景观特色的观光休闲型美丽乡村建设的整体控制引导系统技术集成,即规划编制技术体系与关键规划技术。然后以规划编制技术体系为指导,针对本类型乡村亟须解决的重点问题,研究重点分项建设系统技术集成,具体包括自然生态景观营造技术、具有景观特色的乡村污水生态处理技术、满足景观需求的乡村绿色农房改造技术。最后通过示范基地全方位的综合实践、检验和反馈,推广、优化

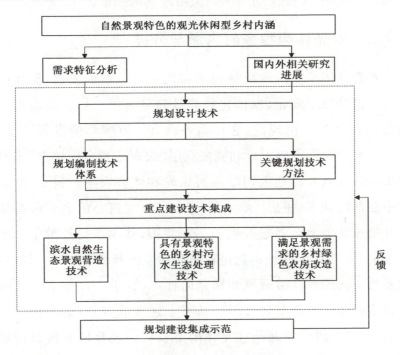

图 1-1 研究思路

相关技术,完善建设技术集成。

1.3 自然景观特色的观光休闲型美丽乡村内涵

1.3.1 美丽乡村的内涵

美丽乡村秉承人与自然和谐发展的理念,保护乡村聚落与生态环境相融共生的和谐关系,保护乡村传统肌理与乡土文化特色,保护乡村社会价值体系和集体情感记忆,集发展之美、生活之美、生态之美、人文之美于一体。它既是乡村生产生活方式螺旋上升后的回归,也是生产、生活、生态"三生空间"的融合,更是从农业文明、工业文明向生态文明跨越的探索。

1.3.2 观光休闲型乡村内涵与分类

观光休闲型乡村的出现源于休闲乡村旅游的发展,而休闲乡村旅游是在工业化、城镇化趋势日趋显著而人们旅游层次不断提高的背景下出现的,它在国外已有一百多年的发展历史。早在1865年,欧洲的意大利就成立了"农业旅游全国协会"来引导城市居民到乡村地区领略乡野风光和体验农趣。到了20世纪中后期以观光、住宿、采购、参与农事等为核心的乡村旅游活动开始在欧美地区普遍开展[3]。在我国,休闲乡村旅游肇始于20世纪80年代。在城市化进程不断加剧的背景下,人们对能勾起乡愁记忆的乡村田园风光则是向往不已,进一步推动了休闲乡村旅游在我国的蓬勃发展。基于上述发展背景,结合相关实践总结,本次研究明确的观光休闲型乡村内涵是以乡村独特地理、自然景观、农业景观、人文景观为依托,将乡村农业生产、生态保护、休闲体验、观光度假等进行有机结合发展而成的一种生态友好、可持续发展的乡村。

根据旅游资源的同一性和同源性原则,以及资源的属性,乡村旅游资源可以分为乡村自然旅游资源、乡村农业旅游资源和乡村人文旅游资源。而观光休闲型乡村依据乡村旅游资源差异则对应分为:自然景观特色的观光休闲型乡村、农业景观特色的观光休闲型乡村和人文景观特色的观光休闲型乡村。

1.3.3 长三角乡村自然景观特征

依据地形地貌特征,结合田野调查与相关文献分析,长三角乡村自然景观可分为山地、平原、水乡、海岛等不同类型。根据《江苏乡村调查》,江苏乡村自然景观类型比较全面,平原、水乡、丘陵、山地等多种类型并举,有丰富的山、水、林、田等自然景观特色要素[4]。浙江相比于江苏,增加了海岛型村庄。上海由于地处长江三角洲冲积平原,因而其乡村自然景观主要以平原和水乡为主要类型。[5]

第二章 自然景观特色的观光休闲型美丽乡村建设规划技术集成研究

2.1 研究思路与方法

2.1.1 研究思路

从自然景观保护与塑造、旅游与产业发展、长效维护与管理等方面分析自然景观特色的观光休闲型美丽乡村发展需求;从理论和实践两方面分析国内外相关研究进展,确定本类型乡村发展的经验;在前述研究的基础上,分析传统村庄规划编制技术体系,针对自然景观特色的观光休闲型美丽村庄提出具体的规划编制技术体系。该规划编制技术体系,应既满足本类型村庄发展的需求,又能有效地保护自然生态环境,提高人居环境品质。

在规划编制技术体系指导下,研究本体系中的重要规划技术;遵循生态保护和合理利用的原则,分析本类型村庄的自然环境、生态条件、布局形态,基于村庄规划的生态尺度建构合理的生态规划技术体系,提出美丽乡村规划层面的生态规划技术方法和用地布局生态化模式;分析国内外本类型乡村特色产业发展的成功案例,充分利用乡村自然景观、农业产业,总结观光休闲模式和应用条件,以适应产业转型发展需求;以发展乡村休闲活动为目标,基于自然景观特色型乡村空间特征,充分结合地形地貌、山体水系等自然环境条件和人的活动需求,提出村庄空间评价因子和方法,明确空间规划原则和技术方法,并提出适宜的空间布局模式;分析长三角地区村庄规划基本要求、本类型乡村交通特征,针对不同的自然环境和休闲需求,集成提出宜游宜产宜居的道路规划技术和设计技术;在长三角地区同类村庄普遍调研的基础上,建立村庄基础设施研究体系,提出基础设施规划设计技术。

2.1.2 研究方法

(1) 乡村田野调查法

通过访谈、问卷等形式获得原始资料,并对所得资料进行分析、讨论,从而获得关于研究对象的认识的一种研究方法。本调查法能够同时收集到大量的资料,使用方便,并且效率高。本调查法应用在乡村规划过程中,能充分了解不同层面人群意愿。如通过典型访谈,了解乡镇领导、社区领导、村民、企业等不同人群的想法;通过发放调查问卷,分析和统计村民态度等;通过对示范基地的实地调查,确定示范基地在产业发展、自然景观、生态环境、空间布局、道路交通和基础设施等方面的现状特征与需求。

(2) 文献研究与实证研究法

一方面通过文献研究确定一般村庄的规划编制技术体系,通过实证研究确定自然景观和休闲观光的保护发展需求,优化规划编制技术体系。

另一方面通过文献研究和实证研究,具体研究产业发展、自然景观、生态环境、空间布局、道路交通和基础设施等方面的技术体系、评价方法,选择确定适宜的规划设计技术。

对文献研究法的应用包括两个层面:一是对自然景观特色

的观光休闲型乡村规划技术研究的总体文献研究,了解该研究已有成果与不足,寻找研究的突破口;二是在具体的技术研究环节中,通过文献研究法收集现有发展模式与技术方法,并对其中某类开展应用研究。

对实证研究法的应用主要包括对相关案例的研究分析,为某一具体的规划技术方法提供佐证和优化依据,归纳自然景观特色的观光休闲型乡村规划的思路与技术方法。

2.2 国内外研究进展

目前对美丽乡村的认识均为普遍性认识,对某一特定类型乡村的认识鲜有提及。

2.2.1 理论研究

中国对美丽乡村的研究尚处于起步阶段,不同人士对"美丽乡村"和"美丽乡村建设"的认识也各有差异。具体可以归纳为以下三个层次:

第一,立足于空间环境改善和提升的认识。美丽乡村建设的重点是村庄环境卫生整治,绿化整治、道路建设、基础设施配套、民房建设等各项工程是其重要内容,干净、整洁、舒适的乡村环境是美丽乡村的重要标志。

第二,立足于自然和社会发展的认识。众多学者认为"美丽乡村"中的"美丽"主要包含两层意思:一是指生态良好、环境优美、布局合理、设施完善[6];二是指产业发展、农民富裕、特色鲜明、社会和谐[7]。另有学者认为,"美丽"既体现在自然层面,也体现在社会层面;建设美丽乡村就是要实现村容村貌整洁环境美、农民创业增收生活美、乡风文明农民素质美、管理民主乡村社会美、乡村兴旺发达产业美"[8]。

第三,立足于生产、生活和生态以及文化协调发展的认识。有学者认为,美丽乡村应该是"生态宜居、生产高效、生活美好、人文和谐"的典范,是让农村人乐享其中、让城市人心驰神往的所在[9]。美丽乡村建设的思想基石是树立人与自然和谐发展的理念,重要内涵是传承乡土中国的文化血脉。

2.2.2 实践研究

1) 发达国家的建设经验

发达国家由于大规模的人口城镇化进程已经基本结束,当前往往通过以"工"反哺"农"、以"城"反哺"乡"的形式,对传统农业进行全面的技术改造,对农村地区进行居住环境提升,其中以日本、德国的乡村地区"美丽乡村"建设开展得较为成功。

(1) 日本——以产业振兴与人文提升为重点

日本的美丽乡村建设最为人所称道的就是造村运动,其围绕产业振兴"造村"和"造人",具体包括:"一村一品",要求一个地方根据自身的条件和优势,发展一种或几种有特色的、在一定的销售半径内名列前茅的拳头产品(不限于农特产品,也包括特色旅游项目及文化资产项目);开设各类补习班,推动"造人"事业;开展生活工艺运动,促进农村文化建设等。"一村一品"运动,其本质就在于引导乡村产业特色化发展。

(2) 德国——以乡村价值与乡村吸引力提升为重点

德国每三年举行一次村庄竞赛,发挥各地乡村价值的特色,形成了良好的社会效应。其评鉴标准旨在将乡村营造成一个兼具生活、就业、休养与生态功能的平衡空间,同时透过农村社区自有的资源条件,分别从经济、社会与文化生活、聚落建筑风格、绿色生态与环保以及整体社区的景观塑造等方面考虑。

2）国内的建设示范经验

国内很多地区都在积极开展美丽乡村建设实践。针对美丽乡村建设的不同理解，探索出了各具特色的美丽乡村建设模式。

(1) 宁国模式——以改善人居环境为重点

安徽省宁国市从2010年起在全省率先启动"美丽和谐乡村建设"工作。各乡镇将美丽乡村建设与村庄风貌整治、"三线三边"整治、"一村一品"特色化建设等紧密结合，推动农村环境整治常态化、规范化，并推广农村污水处理和农村垃圾分类无害化处理新模式。这种着重打造村庄环境的美丽乡村建设事实上还更多地停留在"外在美"的阶段。

(2) 安吉模式——以乡村旅游为重点

浙江省安吉县于2008年提出"中国美丽乡村"建设。安吉模式强调"一二三产联动发展"，以建设生态文明为前提，依托优势农业产业，在农村内部大力发展以农产品加工业为主的第二产业和以休闲农业、乡村旅游为龙头的第三产业。如今，安吉在乡村旅游方面的发展在全国都具有一定的名气，但往往提到美丽乡村，就仅仅想到乡村旅游，这一点其实是对美丽乡村内涵理解的局限。

(3) 高淳模式——以环境提升和产业发展为重点

江苏省南京市高淳区美丽乡村建设，一是鼓励发展农村特色产业，达到村强民富生活美的目标；二是努力改善农村环境面貌，实现村容整洁环境美的目标；三是建立健全农村公共服务，达到村风文明和谐美的目标，深入推进农村社区服务中心和综合用房建设。高淳区的美丽乡村建设环境提升与产业发展并重，是美丽乡村发展的一种相对高级的状态。环境与产业的提升主要使农民在生活水平、收入水平上有所收益，但在人文方面的提升尚有欠缺。

(4) 中国台湾地区——以发挥乡村文化和创造力为重点

中国台湾地区通过培根计划、农村再生计划和农村社区土地进行社区更新,重点在环境改善、文化创意产业培育等各个方面。由在地组织和社会团体牵头,通过对农村社区居民的培训、引导,挖掘地方特色文化,并与农村社区更新、产业发展紧密结合,将其进一步发扬继承,既实现本土文化的保存与活化,又促进经济产业的发展。

2.3 需求特征研究

通过相关文献研究,自然景观特色的观光休闲型乡村多数以乡村旅游为主要产业,积极发展农家乐等旅游服务功能,因而乡村活动空间较多为复合使用空间,在满足生活的同时满足对旅游的服务。

为更好地研究自然景观特色的观光休闲型美丽乡村的特定需求,在前期分析调研的基础上,课题组选取了山水田林自然景观特色比较全面,临近大都市区且休闲观光需求大的南京市江宁区作为典型进行研究。课题组筛选了现阶段江宁区不同层次的发展村庄,展开实地调查,向村民发放问卷,研究本类型村庄的需求特征。

江宁区美丽乡村建设启动于 2011 年。因此,本研究选取自 2010 年以来的相关数据进行比较。调研覆盖江宁区全部八个涉农街道,选取了 56 个村庄,涵盖美丽乡村建设中有发展观光休闲功能的示范村以及不属于美丽乡村建设重点的一般村,并对 8 位街道领导、56 位村庄领导、16 家驻村企业代表以及 280 户村民进行调研,获得了第一手数据。通过对这些数据的分析,可以总结出以往美丽乡村建设所取得的效应,了解不同人群对观光休闲型乡村的需求。

2.3.1 旅游服务发展需求

从收入水平分析,示范村家庭收入水平较高,且近五年收入增长的幅度也更大。从收入的主要渠道分析,示范村收入渠道更多,除了种植业、副业、打工之外,还包含村办企业、经商、农家乐等。一般村则以打工收入为主,没有农家乐经营户(见图2-1、图2-2、图2-3)。

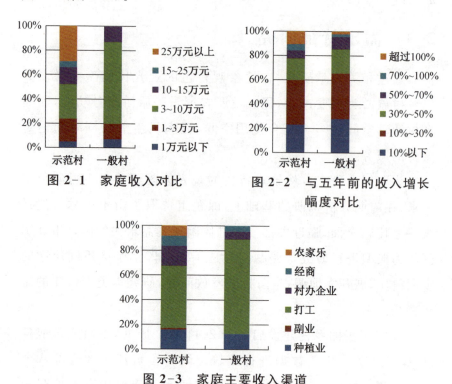

图2-1　家庭收入对比

图2-2　与五年前的收入增长幅度对比

图2-3　家庭主要收入渠道

从产业发展特征分析,江宁区现有发展观光休闲功能的乡村(示范村和特色示范村)中,从事第三产业的比重在增加,第一产业持续减少(见图2-4)。与一般村相比,示范村第三产业就业人口比重较高(见图2-5)。

从个体经营数量可以看出,在美丽乡村建设的初期收入增

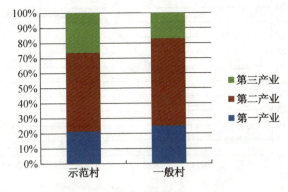

图 2-4 三次产业比例对比

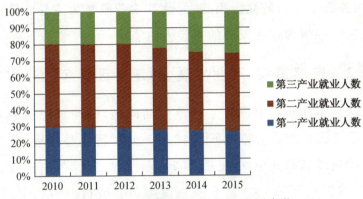

图 2-5 三次产业就业人数比例变化

长的效应并不明显。但随着美丽乡村发展,特别是 2014 年后第三产业个体经营增长较多(见图 2-6),居民收入水平有一个明显的提升。三次产业变化及政策重点见表 2-1。

表 2-1 三次产业变化时间与美丽乡村政策重点对照表

	时间	重点	三次产业变化
第一轮	2011—2012 年	环境提升	特色农业园区、企业数量稳步提升
第二轮	2013—2014 年	规划提升	第三产业个体经营数量快速提升
第三轮	2015 年以来	机制提升	

基于上述分析可以推论出,发展观光休闲功能旅游市场较

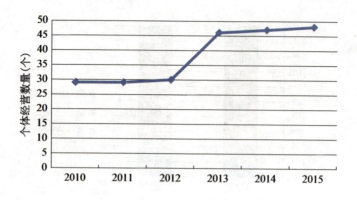

图 2-6　第三产业个体经营数量变化(个)

大,服务需求相对较高。因此,鼓励其旅游服务为主导的第三产业发展应当成为未来发展的重要方向。

2.3.2　自然景观、产业发展、村庄管理等多元化需求

课题组在问卷中设置了开放性的问题,询问理想中的乡村是一种什么状态。分别将示范村和一般村答案整理后,各选择出现词频最高的五个词(见图 2-7):示范村:经营(经济、收益)、管理(维护)、环境、文明(素质)、设施。一般村:环境、交通(道路)、设施、收入(富裕、经济)、房屋。

对于一般村庄,村民的需求更多的还是停留在环境好、设施全的层面,而对于重点打造具有观光休闲功能的示范村,村民则更多考虑产业发展、村庄管理、居民素质等方面,期望能进一步推动乡村旅游发展。

以相关研究及对江宁美丽乡村的实地调研为基础,可以分析出长三角地区自然景观特色的观光休闲型乡村建设应满足游客对村庄自然景观特色、旅游服务设施、乡村运营管理等方面的发展需求,从而有效提升游客旅游体验,加强乡村吸引力。此外,也应针对美丽乡村当前实际,关注规划建设一体化、自主与

自发等建设需求。

	认为美丽乡村有哪些方面需要提升	理想中的村庄状态
美丽乡村重点打造的村庄	注重游客的体验性　建设大型游览点　重视农家乐建设　整治环境基础设施　增加休闲场地　增加开发项目	形成管理系统　人气高、带动经营　收益增加　因地制宜、具有特色　邻里和睦　风景美丽　百姓素质提升
其他村庄	增加活动场所　拓宽道路　提升环境　房屋整改　提升公交	环境好、干净整洁　有停车场、路灯、休闲设施　向示范村方向发展　房屋错落有致

图 2-7　需求差异研究

2.4　规划编制技术体系研究

2.4.1　传统村庄规划编制技术体系

《江苏省村庄规划导则》提出，村庄规划的基本任务是"在乡镇总体规划、镇村布局规划的指导下，具体确定村庄规模、范围和界限，综合部署生产、生活服务设施、公益事业等各项建设，确定对耕地等自然资源和历史文化遗产保护、防灾减灾等的具体安排，为村庄居民提供切合当地特点并与当地经济社会发展水平相适应的人居环境"。村庄规划又分为村域规划和村庄（居民点）规划。其中，"村域规划以行政村为单位，主要对村庄（居民点）布点及规模、产业及配套设施的空间布局、耕地等自然资源的保护等提出规划要求"。村庄（居民点）规划是针对单个村庄，规划设计村庄的住宅、设施、景观等建设。

《浙江省村庄规划编制导则》提出，"村庄规划可分为村域规划和居民点(村庄建设用地)规划两个层次。村域规划综合部署生态、生产、生活等各类空间,并与土地利用规划相衔接,统筹安排村域各项用地,并明确建设用地布局;居民点(村庄建设用地)规划重点细化各类村庄建设用地布局,统筹安排基础设施与公共服务设施,提出景观风貌特色控制与村庄设计引导等内容"。

《上海市村庄规划编制与管理导则(试行)》也提出,村庄规划包括村域规划和农村居住点规划。村域规划以行政村域为规划范围,农村居住点范围应在村域规划中确定。其各层面规划内容与江苏、浙江基本一致,主要在农村居住点规划层面增加乡村风貌设计和历史文化保护等特色化规划的内容。

综合以上苏浙沪两省一市的村庄规划编制要求,结合分析现有村庄(居民点)规划案例,可以得出传统的村庄(居民点)规划体系一般由八项内容构成:

(1)村庄(居民点)用地布局:对各类生产生活空间进行安排。规划范围一般为村庄建设用地范围。

(2)公共服务设施:依据相关建设指标提出设施建设内容和要求。

(3)住宅:根据地方特点和产业需求选择相应的住宅类型和建筑风貌。

(4)道路交通:规划道路的等级、形态、铺装和相关设施。

(5)公用设施:对给水、排水、电力、电信、能源、环卫等各项设施建设进行规划。

(6)绿化景观:指导村庄绿化并设计村庄主要节点景观。

(7)防灾减灾:开展消防规划、防洪排涝规划、地质灾害防治规划和地震灾害防治规划等。

(8)竖向:地形地貌复杂的村庄应做竖向规划,为排水和建筑建造提供良好基础。

在传统村庄（居民点）规划体系中，各项规划内容都有相应的技术要点（见表2-2），适用于长三角地区一般村庄（居民点）的规划建设，可满足其基本发展需求。但对于自然景观特色的观光休闲型村庄，以上内容只是基础保底性的。该类村庄的规划技术体系还应根据其特殊的发展需求进行拓展和完善。

表2-2 传统村庄（居民点）规划编制技术体系

规划编制系统	基本原则	规划主要内容
村庄（居民点）用地布局规划	合理布局，避免过度分散；充分利用自然条件，突出文化特色；有利农业生产、方便农民生活	空间形态；公共空间布局；建筑群体组织；院落空间组织；村口；滨水空间利用；地址安全；生产辅房布局
公共服务设施规划	规模适度；方便使用	村委会；幼儿园；文化活动室；老年活动室；卫生所；健身场地；文化宣传栏；公厕
住宅设计	适用、经济、安全、美观；平面设计符合生产生活习惯；建筑风格具有地方特色	平面设计；风貌设计；庭院设计；辅房设计；层高设计；节能环保设计
道路交通规划	因地制宜，满足需求	道路线形；道路等级与宽度；道路铺装；停车场设置
公用设施规划	规模合理，满足需求	给水工程规划、排水工程规划、供电工程规划、电信工程规划、清洁能源利用规划、卫生环卫设施规划等
绿化景观规划	乡土化；多样性	绿化规划；景观规划，包括村口景观、水体景观、道路景观和其他重点空间景观等
防灾减灾规划	安全实用	消防规划、防洪排涝规划、地质灾害防治规划等
竖向规划	根据地形地貌	标明道路交叉点、变坡点坐标与控制标高，室外地坪规划标高等

2.4.2 自然景观特色的观光休闲型乡村的规划需求

首先,规划应满足村庄的基本生产生活需求。因地制宜,结合当地自然条件、经济社会发展水平、产业特点等,正确处理近期建设和长远发展的关系,根据当地生产生活基本需求切合实际地部署村庄各项建设;节约用地,切实保护耕地等自然资源,充分利用丘陵、缓坡和其他非耕地进行建设,合理集约地布局村庄各项建设用地;保护文化,保护村庄地形地貌、自然肌理和历史文化,尊重健康的民俗风情和生活习惯,注重村庄环境的改善,突出乡村风情。

其次,该类村庄的规划应充分利用当地条件,塑造自然景观特色。规划应以生态保护和自然景观体系维护为首要前提,突出村庄的自然山水优势,对自然景观要素的特征进行充分分析,加强生态规划设计,并通过绿化景观设计和相关建设空间配合,塑造自身景观特征,并加以科学合理的利用。

第三,该类村庄的规划应适应观光休闲的功能定位,合理配套旅游服务。规划应强化旅游服务内容,注重旅游资源和村庄生态环境的保护,并根据资源特点和发展前景,选取合适的观光休闲发展模式,合理设计乡村旅游景点、游线和相关业态;科学布局旅游发展空间与农村生产生活空间,避免旅游对村民生产生活的不合理干扰;统筹安排基础设施配套建设,适当结合村庄公共服务设施、村民住宅的开发利用合理安排旅游服务功能。

2.4.3 自然景观特色的观光休闲型乡村规划编制技术体系建立

综合以上研究,结合传统村庄规划体系和自然景观特色的观光休闲型村庄的特殊规划需求,借鉴相关案例研究,自然景观特色的观光休闲型村庄应对规划内容在传统基础上进行补充、完善:一方面,加强生态、景观的分析和设计,加强各类设施建设的景观特色考量;另一方面,研究和应用观光休闲产业的发展模式,在规划建设中将旅游产业发展与空间建设、设施配套等有机结合(见表2-3)。

表2-3 自然景观特色的观光休闲乡村规划需求与改进导向

自然景观特色的观光休闲型村庄特殊规划需求	规划编制体系	规划改进导向
自然景观特色塑造	现状分析	加强自然景观要素的特征分析
	目标定位	支撑景观特色塑造的目标与策略
	生态规划	在传统内容中增加和强化该项内容
	空间布局	结合自然景观要素协调空间布局关系
	景观设计	突出自然景观特色
	设施规划	设施建设应具有自然生态特色
旅游服务产业发展	现状分析	加强区位分析,为旅游发展做准备
	目标定位	增加旅游容量测算和旅游发展定位
	产业发展	加强旅游发展规划,发展一三产联动的全域旅游
	空间布局	合理布局生产生活空间与旅游发展空间,形成科学合理的流线关系
	住宅设计	部分农房改造为旅游服务设施的方案
	设施规划	考虑旅游发展需求,加强相应设施配套

基于表2-3自然景观特色的观光休闲型村庄在传统村庄(居民点)规划编制技术体系的基础上,结合上述研究进一步优化,形成针对性更强的编制优化技术体系(见表2-4)。

表 2-4　自然景观特色的观光休闲乡村规划编制优化技术体系

规划编制体系		规划目标优化	规划重点或原则优化
规划范围		凸显村庄特色,促进观光休闲	分析确定自然村及其周边一定范围内联系密切的自然景观和产业发展区域
规划体系	现状分析	明确发展条件和观光休闲发展潜力	注重区位分析、生态分析、景观特征及要素体系分析
	目标定位	支撑特色保护与产业发展的定位及策略	注重自然景观特色与休闲旅游产业的有机结合,测算旅游容量,合理制定发展目标
	生态保护规划	优化、管控与修复生态	生态敏感性分析、生态安全格局优化与分类管控、要素引导
	产业发展规划	促进农业、旅游业融合发展及提升	一三产联动发展,丰富乡村休闲农业产业;整合区域资源,强调融入区域旅游
规划体系	空间布局规划	优化生产生活空间,为村庄旅游发展提供支撑	现状空间资源利用、空间布局与景观要素的协调互动,合理的功能与流线组织
	住宅设计	设计选型适应生活和发展乡村旅游	生产生活便利,地方风貌凸显,绿色农房改造
	景观设计	绿化乡土自然,季相分明、层次丰富;景观多样有序,体现本土文化	自然生态的绿化设计,特色景观、节点景观设计,建筑景观营造
	道路规划设计	支撑旅游,改善生产生活条件	道路系统梳理与生态景观化道路建设
	公共服务设施规划	兼顾旅游与村民生活需求	生活服务设施和旅游服务设施配套
	市政公用设施规划	规模合理,满足需求,并兼顾景观化	考虑旅游人口带来的压力,建设生态自然且具有景观特色的基础设施
	防灾减灾规划	安全实用,兼顾景观效果	选材和措施考虑景观效果
	竖向规划	顺应地形地貌	减少对地形地貌的改造
	实施建议	实施措施、主要工程	投资估算、运营建议

2.5 生态规划设计方法研究

2.5.1 自然景观型乡村生态系统特征

(1) 自然突出,空间混合

乡村生态系统与城市生态系统的最大区别之一在于其半自然的生态环境。自然景观特色的观光休闲型乡村以自然生态系统、农田生态系统为主,嵌入人居生态系统,生态、生活、生产空间高度混合,因此乡村生态规划中必须把握其乡土自然的特点。

(2) 要素多元,景观丰富

对于以自然景观为特色的乡村,其生态系统要素多元,包括山体、农田、林地、水系等自然要素以及建筑、场地、生产空间等人文要素。复杂的要素要求乡村生态规划应注重宏观管控与微观引导相结合,既要有覆盖全域的广度,又要有下沉落地的深度,并通过以导控性为主的规范标准和技术指标将规划措施落实到具体生态要素,保障规划实施的成效。

(3) 生态脆弱,易塑性强

自然景观型乡村生态系统相对脆弱,生态环境易遭受人为破坏,但同时恢复能力也强。科学合理的修复措施可使乡村生态系统较快恢复。因此,乡村生态规划应当加强乡村生态系统的自我调节能力和稳定性,并划定合理的生态区划单元,突出重点,"对症下药",以点带面,盘活全局。

2.5.2 基础研究

(1) 景观生态学

景观生态学研究不同尺度下景观异质性、景观格局与生态过程的关系,人类对景观格局、过程和变化的影响和尺度效应,强调空间格局、生态学过程和尺度之间的相互作用。景观生态学通过引入斑块-廊道-基质来研究景观综合体[10]。景观生态规划的核心原则包括:①综合性和整体优化原则;②可持续和时空尺度原则[11];③空间异质性与多样性原则;④策略定位和针对性原则。乡村生态规划中不能把乡村景观作为与周围景观割裂的个体看待。在研究中应当重视与周边环境之间的生态联系过程,并通过评价认识这些生态过程,通过规划设计与管理这些过程,以实现乡村自身及其周边系统的共同可持续发展。

(2) 生态网络

大量研究表明,生态网络能有效缓解城镇化所造成的生境破碎化影响,同时促进生物多样性保护。生态网络是国际上一个比较成熟的规划方法体系,Opdam(2006)最早提出,是指"一系列的生态系统类型,通过生命体的流动,将其连接成为一个一致的系统,同时与其周围的景观基质相互作用"[12]。它为应对城镇化发展所造成的生境破碎化而诞生,旨在构建一个将隔离生态斑块通过廊道连接的网络体系,以促进生物在不同斑块间的扩散与迁移,进而实现生物多样性保护的目的[13]。在生态网络规划中,以提取基质、斑块、廊道为核心要点。

(3) 乡村规划的生态尺度

乡村规划中的生态研究一般包括区域、村域、村庄三个尺度。区域尺度重在生态安全格局的构建,村域尺度强调生态功能分区以及各类分区的生态保护与控制,村庄尺度侧重生态要素控制引导。其中,村域尺度应可以获得详细的乡村生态系统特征,指导村庄尺度的具体发展建设,且村域尺度的乡村景观生态单元与村庄尺度的设计要素能够形成有机结合的整体[14]。基于长三角地区村庄特征分析,实际应用中应根据规划对象的规模,包含生态要素的完整性,以宏观、中观、微观三个尺度引导更切合实际。其中,中观尺度是乡村生态系统保护的关键生态尺度,对应于前文相关研究提出的分区控制的对应尺度。

2.5.3 技术方法研究

(1) 提取生态斑块

大型生态斑块为区域尺度上的生物多样性保护提供了重要的空间保障,是区域生物多样性的重要源地。一个优良的生物多样性保护规划应该保护生态系统中尽可能多的物种,但是在实际工作中,受人力、物力以及知识的限制,往往只能将部分物种作为保护目标进行生态网络规划。这种方法的前提条件是认为所选取的物种对于环境、景观具有较高的敏感性,同时其对于环境景观变化所做出的反应也能基本代表其他物种,尤其在生境选择与需求上,以此为基础的生态网络规划能在满足所挑选特殊物种保护需求的同时,也能够间接保护其他物种并形成良好的生态群落。

由于生物的生存对于生境面积具有较高的敏感性,使得生态斑块面积成为生物是否选择一个斑块作为生境的关键因素[15]。研究显示,具有中等及较小面积的斑块对于生物多样性具有显著影响,而不同物种所需求的生态斑块阈值也各有差异[16]。因此需重视生境面积需求在不同物种间的差异。

(2) 生态廊道模拟

基于费用表面栅格图层,当单一生物要穿越其上时,每穿越一个栅格都需要花费相当的成本,成本值较高的栅格表示物种穿越其上需要更高的成本花费。基于趋利避害的生物选择倾向,生物从扩散源向目标进行扩散时,会本能地选择一条累积成本最小的路径。在 GIS 平台用成本路径方法模拟这条最小成本路径,并剔除经过同一绿地斑块而造成冗余的廊道,即可得到规划的最优生态廊道规划[17]。

(3) 生态敏感性评价

生态环境敏感区也称关键区(Critical Area)、生态环境敏感地带,是指对区域总体生态环境起决定作用的生态要素和生态实体,这些实体和要素对内外干扰具有较强的恢复功能,其保护、生长、发育等程度决定了区域生态环境的状况[18]。生态环境敏感区对区域生态保护具有重要意义,其一旦受到人为破坏,短时间内很难恢复,主要是规划用来控制与阻隔建设用地无序蔓延,防止人居环境恶化的开敞空间。

基于分析方法中加权多因子的过程,加权叠加法的计算公式为:

$$S_i = \sum_{k=1}^{n} B_{ki} W_k \tag{1}$$

式中 S_i——综合评价值;

B_{ki}——空间单元第 1 因子敏感性等级值;

W_k——空间第 1 因子权重;

n——因子个数。

综合评价值代表了该空间地块的生态敏感性程度,分值越高,生态敏感性越强。GIS 平台对各类敏感性因子进行等级划分和赋值,一般采用五分法,即分为高敏感性、较高敏感性、中敏感性、较低敏感性、低敏感性 5 级。再用木桶原理取最大值法,对单因子评价结果进行叠加,即得到生态敏感性综合评价结果。综合生态敏感性越高,越不适宜开发为建设用地[19]。

(4) 生态系统服务功能评估

生态系统服务功能是指生态系统与生态过程所形成及所维持的人类赖以生存的自然环境条件与效用[20]。维持与保育生态服务功能是实现可持续发展的基础,对生态系统服务功能的合理分析与评估是进行生态功能分区的前提。根据"千年生态系统评估"以及谢高地等[21]的划分方法,生态系统服务一般分为供给服务、调节服务、文化服务和支持服务。其中,供给服务包含食物产品供给和原材料生产两种服务;调节服务包含气体调节、气候调节、水源涵养、废物处理四种服务;文化服务主要指提供美学价值服务;支持服务包含保持土壤和维持生物多样性两种服务。

生态系统服务功能具有明显的空间异质性。根据 Costanza 等提出的生态系统服务功能评价模型[22],对于具体区域,应当根据主导生态因子的不同进行生态系统服务类型划分。首先需要明确区域的主导生态因子,对其空间分布进行分级评价;再基于 ArcGIS 空间叠加功能,将各因子的空间分布情况进行加权叠置分析,即可得到生态系统服务功能综合评估结果。

(5) 空间自相关分析

根据地理学第一定律,任何事物都相关,但相近的事物关联更紧密。空间自相关分析就是基于这一定律,假设研究区中所有值都是非独立的,相互之间存在相关性[23]。正空间自相关是指邻近区域的属性具有相似的趋势和取值,负空间自相关是指邻近区域的属性具有相反的趋势和取值。局域空间自相关能够反映局部的空间差异程度,推算出高、低值的聚集范围。LISA(Local Indicators of Spatial Association)分析是分析局域空间自相关的常用方法[24](式 2)。

$$I_i = \sum_{j=1}^{n} W_{ij}(X_i - \overline{X})(X_j - \overline{X}) \qquad (2)$$

其中,X_i、X_j 分别为 i、j 空间单元的属性值,为属性值在 n 个单元中的期望(式 3),W_{ij} 为空间邻接矩阵,用以定量界定区域单元之间的邻接关系,本文采用简单的二进制邻接矩阵(式4),C_{ij} 为属性相似矩阵(式5)。

$$\overline{X} = \frac{1}{n}\sum_{i=1}^{n} X_i \qquad (3)$$

$$W_{ij} = \begin{cases} 1 & \text{当区域 } i \text{ 和 } j \text{ 相邻} \\ 0 & \text{其他} \end{cases} \qquad (4)$$

$$C_{ij} = (X_i - \overline{X})(X_j - \overline{X}) \qquad (5)$$

在 GeoDa095i 软件中绘制 Moran 散点图,散点图的四个象限表达了某一区域和其周围区域的局域空间联系,一、三象限为正空间自相关,二、四象限为负空间自相关。根据空间自相关分析结果,将局域空间联系较强的栅格划分为同一生态功能区,并通过上位规划衔接、主导标志法等对分区边界进行调整。

2.5.4 用地布局生态化模式

参考《乡村自然生态系统保护与修复技术研究及示范》课题相关研究,从乡村用地布局的角度出发,基于国内外学者的研究与上文生态化评价体系的过程,综合地形地貌、水文资源、生物种类、道路交通、人为活动等因素,自然景观型乡村生态化用地布局应遵循下列原则。首先,保护和恢复山水格局,把历史河湖水系和自然山体列为重点保护对象,划定保护范围并加以整治和恢复,乡村用地布局应尽可能与山水相融。其次,维系和提升景观功能,辨识、维护、顺应、延续、提升由地域自然、人文活动因子及相互作用而形成的自然文化形态和风貌。基于此基础,将自然景观型乡村与山水环境的关系进行分类与归纳,一般包括滨水型布局模式、沿山型布局模式、团块型布局模式以及自由型布局模式4种模式。

（1）滨水型布局模式

结合水系走向布局乡村形态，通过乡土植物绿廊疏通乡村生态系统与河流自然生态系统之间的联系，促进生态景观渗透乡村。具体分为滨水线型布局和滨水组团布局。滨水线型布局可沿河打造乡土植物绿廊，结合河堤处的生态驳岸建设主要的邻里中心，营造富于自然景观特色的公共活动空间。滨水组团布局应重点利用乡村临近水体的空间打造片状生态斑块，如小游园、湿地公园等，增强村内主要公共用地与水体的联系，形成景观视线通廊。

（2）沿山型布局模式

以山体为生态基质，以开放式绿地廊道为纽带，将自然绿景渗透到乡村各功能板块。具体分为沿山线型布局和放射型组团布局。沿山线型布局应通过乡土树种营造沿乡村长边方向与山体的绿廊，促进山景渗透，并沿绿廊布局具有一定公共服务功能和旅游观光功能的特色公共空间；沿山放射型布局应设置数条景观道路将山-村景色相连通，保证视廊通畅，并设计环山慢行步道，营造乡村特色公共空间。

（3）团块型布局模式

通过"大分散，小集中"的用地布局模式，扩大各乡村功能组团与自然生态系统之间的接触面，通过山水形成各组团间的自然隔离。具体分为行列型布局、周边型布局以及混合型布局。行列型布局应统筹考虑乡村各类景观要素，在居住用地上利用建筑排列的错落、院墙的通透性（如篱笆、矮墙）增强空间的趣味性；周边型布局注重打通乡村内部与外部生态景观的视线通廊，街坊内部院落可以利用乡土植物打造趣味空间，做到村宅内外皆有景；混合型布局采用半开敞式，在明确主要公共空间之后宜留出适当空隙作为小型活动空间，丰富景观特色。

（4）自由型布局模式

即每一户分散农家利用自身的景观优势，利用乡土植物、农家菜园、池塘等要素在房前屋后打造属于自己的生态景观。乡村用地宜在开放与多元化的基础之上体现稳定，于散点布局的中间营造公共设施用地，如祠堂、谷场等；注重生物能源的使用，尽可能降低乡村整体能耗；步行道路铺设过程中尽可能使用卵石、石板等乡土材料，体现自由型布局原汁原味的村野风貌。

2.5.5 规划技术要点研究

（1）规划技术体系

总结前文，基于乡村规划的生态尺度，一般自然景观特色的观光休闲型村庄规划应建立宏观、中观、微观三个层次的生态规划技术体系，如表2-5。

表2-5 自然景观特色的观光休闲型乡村规划生态规划技术体系

规划目标	规划策略	规划内容
优化格局	构建生态安全格局	景观阻力评价 生态板块提取 生态廊道模拟 优化生态网络
分类管控	划定生态功能分区	生态因子评价 服务功能评估 空间自相关分析 生态功能分区
局部修复	生态要素控制引导	重点要素提取 生态修复措施 控制引导要求

宏观尺度上，通过景观阻力评价、生态斑块提取和生态廊道模拟构建生态网络，提升生态斑块之间的连通性，构建综合生态安全格局，对生态系统进行宏观管控。落实乡村涉及的生态红线区域并实行严格管控，使得区域内生态资源的生态功能得到最大程度的发挥，从宏观层面为乡村生态修复奠定基础。通过梳理核心生态斑块、生态廊道，形成点、线、面相结合的综合生态网络，优化生态安全格局。生态斑块具有服务区域的重要生态功能，应加强其范围内及周边区域的生态建设与保护，提高生态安全水平。生态廊道是区域内重要的生态联系通道，应加强沿路和滨水的绿化覆盖，提高乡村生态安全水平。

中观尺度上，基于生态敏感性因子评价结果和空间自相关分析，对生态系统服务功能进行评估，综合划定植被生态保育、水体生态修复、农业生态保障、人居生态维护等生态功能区。村内不同地块的生态规划措施需满足所在生态功能区的总体要求，提高生态保护与修复的针对性。

微观尺度上，针对乡村自然条件，对需要提升强化的生态要素开展相应的生态工程，巩固提升生态系统功能，并提出相应的控制要求。各个尺度上的分析结果综合应用于生态化用地布局、生态人居设计、生态环境设计、生态设施设计等方面。

（2）控制要求

村庄规划中的具体生态控制要求包括生态人居设计、生态环境设计、生态设施设计三个方面。其中，生态人居设计包括新建建筑布局、绿色农房改造、道路改造、标识设计等内容，生态环境设计包括地形维护、植被群落、水系统、雨水管理系统等内容，生态设施设计包括污水工程、沼气技术等内容[25-26]（见图2-8）。

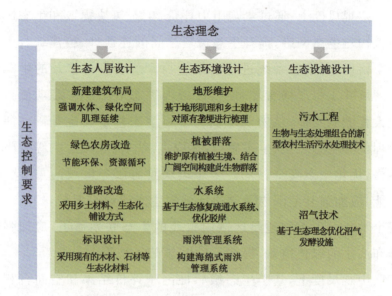

图 2-8　乡村规划中的生态技术指引框架

2.6　观光休闲模式研究

2.6.1　基础研究

1）国外乡村观光休闲产业发展模式[27]

乡村观光休闲在西欧、北美、日本、新加坡等地发展较早,19世纪后半叶首先在意大利、德国等国出现,20世纪中后期在世界范围内兴起,目前已趋向成熟。在国外,乡村观光休闲产业的开发随着各地不同资源的依托、思潮理念、客源选择、地理环境等不同而采取了不同的发展模式。

(1) 日本乡村休闲观光产业发展模式

日本休闲观光农业萌芽于 1980 年,经历了高级度假村模式-观光休闲模式-农务参与模式的历程,其发展思潮理念也逐步从纯经济理念转向一种回归自然,朝着绿色休闲与体验性农业方向进行演进的趋势,逐步突破以往只有观光与休闲功能的局限,进一步拓展其体验与学习功能,真正体验农事的原汁原味[28]。目前日本休闲农业以农务参与型为特色,农园吸引市民租地经营,全程自己劳动、管理和收获,营造的是无围墙的公园。农民在公园里生产、生活、休闲,成为真正意义上的参与农业、体验农业,农业、农村、农民一体化经营管理[29]。适用于与精耕细作的农业产业方式相配合。

(2) 法国乡村观光休闲产业发展模式

法国是西欧农业大国,人均占有耕地 0.316 hm^2,高于世界平均水平[30],广阔的耕地面积为法国以中小农场和家庭劳动居主导地位的观光农业的发展提供了条件。因此,政府推出了新兴的"农庄旅游"业,经营者增加了一系列具有文化教育和休闲娱乐功能的设施,使农庄成为一个"寓教于农"的生态观光农业园。法国巴黎郊区乡村休闲农业旅游形式有:家庭农场,即主要进行生产活动,同时起到生态绿化功能。教育农场,即政府租用土地为农业部门所属培训的教育农场,或者辟为"自然之家"教育中心自然保护区,主要保护环境和文化遗产、景观遗产,还要保护村落和农业。其首先是保护功能,然后才是游客观光游览的场所。家庭农园,即主要是利用土地让市民休闲地体验劳动,同时作为城市的景观。另外,郊区有许多观光葡萄园,专供游客观光、尝鲜、品酒休闲,逐渐形成了"美酒体验"的高级旅游模式。这类模式适于农场相对发达、农产品特色突出的地区。

(3) 美国乡村观光休闲产业发展模式

美国农业是世界上规模最大、用现代最新科技装备起来的高效率大农业,这为以城乡旅游互动为模式的休闲观光农业发展提供了基础。它是一种采取农场与社区互惠的组织形式,通过城市居民与农民共同分担生产成本、风险及盈利,在农产品的生产与销售之间达到平衡。美国休闲农村旅游活动类型主要有农产品购物型,即城市居民开车到乡村购买农产品,同时可享受一顿乡村风味的菜肴;观光农作型,即城市居民到乡村参观农业生产过程,并利用周末或假日回到其农场耕作、种植蔬菜,以度过休闲时间;农业展示型,即开办农业博物馆,供城市居民参观;农业景观型,即注重乡村农业景观保护,发挥绿化、生态、景观功能。

2) 国内乡村观光休闲产业发展模式

乡村观光休闲首先兴起于大城市与乡村的交错带,例如,北京、上海、广州、深圳、台北等地是我国发展休闲观光农业旅游较早的地区。这些地区由于在发展过程上、资源空间布局上、项目开发上以及其他方面的不同选择,形成了多种休闲观光农业发展模式。

从项目开发上看,主要有三种模式,即观赏型旅游模式、体验型旅游模式和综合型旅游模式(见表2-6)。

表2-6 观光农业旅游的项目开发模式

模式	项目开发特点和活动类型
观赏型旅游模式	以"眼观"为主,通过观赏达到旅游目的。通过参观一些具有当地特色的农业生产景观、农业生产经营模式、乡村民居建筑,了解当地风情民俗、传统文化和农业生产过程
体验型旅游模式	以亲身体验为特点,包括以下几种形式:品尝型,即亲自动手采摘尝鲜为主要目的;操作型,即让游客自己动手,品尝自己的劳动成果;学习型,即让游客通过实践学习到一定的农业生产知识,体验农村生活,从中获得乐趣
综合型旅游模式	是把上述的两种或多种模式结合起来,让游客进行全方位的旅游,体验"干农家活、吃农家饭、住农家房、赏农家景、享农家乐"的生活方式,以获得在城市中所体会不到的乐趣

从乡村观光休闲项目综合开发看,主要有六种模式,即园区

农业型、特色产业型、自然人文景观型、农家乐型、农业贸易型和民俗节庆型(见表2-7)。

表2-7 农业旅游的综合开发模式

模式	观光对象	活动项目
园区农业型	兼顾农业生产、科技示范与科普教育功能相结合的休闲观光农业形态	农业科技示范园区、无公害农业生产基地等
特色产业型	以绿色、生态、自然的农业带和农业资源为载体,为游客提供观光、赏景、采摘、游玩等项目,使人们领略到生态农业的大自然情趣	特色农业生产
自然人文景观型	挖掘当地丰富的人文资源,有效利用自然景观,开发探幽、访古、赏景等休闲项目	利用古代水利设施探古和休闲游乐项目
农家乐型	以农民家庭为基本接待单位,以利用自然、生态与环境资源,农村活动及农民生活资源,体验生活为特色	乡村度假游、渔家乐等
农业贸易型	利用各类大中型农副产品集散市场、商务会展中心及农产品加工园等把休闲观光内容与农业经贸活动有机结合起来,为游客提供休闲观光、优质农副产品采购等服务活动的休闲观光农业发展模式	农贸会、农产品交易会等
民俗节庆型	利用农村、农业的乡土民俗、节庆资源等举办的休闲观光农业项目	龙舟节等

我国农业历史悠久、气候多样、农业资源丰富,为休闲观光农业旅游的开发提供了很好的基础和条件。因此,各地发展休闲观光农业要根据本地实际情况,依据国家相关政策,因地制宜,采用适合本地的发展模式,不断推进本地区休闲观光农业的发展,推进经济、社会可持续发展。

2.6.2 观光休闲模式研究

综合国内外相关研究,结合长三角地区多年来同类乡村建设的经验和实际发展成功案例研究,自然景观特色乡村一般可以有以下观光休闲产业发展模式:

(1) 景观休闲模式

以观赏自然景观和农业经济为主导,以特色节庆为引领的开发模式。该模式旅游发展的重点为:

规模取胜,通常有大面积的花卉或林地水域,形成视觉冲击;

景观塑形,通过地形设计、人造花卉雕塑、花卉人文景观等优化景观效果;

节庆助推,有针对性地推出节庆活动;

服务配套,立体观赏、养生美食、有机产品购物等保证美好体验。

(2) 生态度假模式

兼顾特色观光,依托度假的开发模式。该模式旅游发展的重点为:

明确用地组合,注重农业用地与旅游度假设施用地的规模和空间关系,兼顾景观性、私密性与经济性;

丰富度假产品,基于田园等打造运动、养生、美食、住宿等特色度假产品;

完善配套设施,以建设绿道为重点,以特色交通体验为特色,完善旅游度假配套设施的空间布局规划设计。

(3) 田园农家模式

以田园农家为背景,以农家乐为主要载体的开发模式。该模式旅游发展的重点为:

注重风貌整治，以大地景观围绕建筑、景观等凸显乡村风貌，营造世外桃源般的乡村风貌；

融入乡村文化，结合当地民俗文化和农耕文化，打造主题文化景观，设置手工艺、民俗及农事体验活动，并结合农业开发特色旅游商品等；

强化农家休闲，注重农家美食、休闲垂钓、农事体验等休闲产品，以闲留客。

（4）特征总结（见表2-8）

表2-8 不同模式特征总结

模式名称	主要特点	主要做法	适应区域
景观休闲模式	以观赏自然景观和农业经济为主导	以特色节庆为引领，完善服务配套	大规模景观化种植区域
生态度假模式	兼顾特色观光，依托度假	明确用地组合，丰富度假产品，完善配套设施	农业用地与旅游度假设施用地兼具的区域
田园农家模式	以田园农家为背景，以农家乐为主要载体	注重风貌整治，融入乡村文化，强化农家休闲	乡村风貌突出的区域

2.6.3 规划技术要点研究

梳理现有同类型乡村规划实例技术路径、指标，结合长三角地区各省市村庄规划编制导则相关要求，总结自然景观特色的观光休闲型乡村规划技术体系，如表2-9。

表2-9 自然景观特色的观光休闲型乡村产业规划技术体系

规划目标	规划策略	规划内容	技术指标
发展适合自然景观特色的观光休闲产业，促进农业、旅游业及其融合发展及提升	产业融合旅游联动农民增收	发展特征总结发展模式匹配产业类型选择产业空间布局	区域产业差异度项目类型旅游容量旅游收入村集体收入户均收入

根据技术体系，以乡村观光休闲模式为基础的产业规划一般应包括现状分析、发展定位、项目引导、空间布局。在此基础上，根据基地实际需求可以增加其他内容。

（1）现状分析

应重点分析乡村产业基础和观光休闲发展的基础条件，梳理规划区的现有资源。

（2）发展定位

应在现状条件及发展条件评估的基础上，结合区域整体发展效应，对照各类发展模式的适用条件，选择合理模式，加强产业链构建。

（3）项目引导

应分析资源、产业与基地的发展关系，依托主要产业功能，确定可行的项目和业态。

（4）空间布局

应以主导产业为核心，结合当地产业基础、发展需求和村民生产生活需求，明确空间组织思路，分区策划落实项目，合理安排各类产业用地。

重视产业的功能复合，空间的复合利用，综合确定各分区产业功能及重点项目。

重视乡村发展，加强对村庄功能引导和农业发展引导，鼓励原住民利用现有住宅有组织地参与服务产业。

2.7 空间布局规划设计技术研究

2.7.1 基础研究

当前，关于乡村空间规划技术的研究，无论是理论还是实践层面,更多的集中于一般普适性的原则与方法。

村庄规划是各种各样土地利用的适当安排,目的是管理自然资源和控制突变性,使农村地区保持高质量的生活、保护环境以及人类生存的场所[31]。郑诗华在研究日本农村规划时指出农村规划一般称为农村空间计划或农村整备,是为农村地域的经济、社会或农村地域的居住者的生产、生活提供指导的地域计划,包括社会、产业及实质之综合计划[32]。William Kssey 认为贫困的农村地区的规划有两个必不可少的因素:一是足够的理解和正确的评价规划,是一种解决问题的恰当途径;二是资源都需要经历适当的改造,并认为影响农村规划的一些最为重要的因素是农村个性、城市化以及政府的行为[33]。

《江苏省村庄规划导则》(2008)提出了较为明确的规划要求。"集中布局,避免过度分散,合理安排村庄各类用地;充分利用自然条件,充分挖掘地方文化内涵,突出地方特色;结合村民生产生活方式,有利农业生产,方便村民生活,体现乡村特色,避免城市小区式布局"的空间布局原则。同时对空间形态、公共空间布局、院落空间组织、滨水空间等都针对性提出了布局规划要点。导则要求空间形态需充分结合地形地貌、山体水系等自然环境条件,引导村庄形成与自然环境相融合的自由空间形态。公共空间布局应当结合市场需求,引导沿村内道路布置连续的公共服务设施和住宅,形成一处或多处公共空间,提升村庄活力。建筑群体组织应当结合地形地貌、道路网络、村组单元和整治内容,可将村庄划分为若干大小不等的建筑组群,形成有序的空间脉络。院落空间组织应当积极引导住宅院落空间的建设,可利用纵横方向多进的方式和道路转折点、交叉口等条件组织院落空间,形成空间特色。滨水空间利用中,村庄布局应处理好水与道路、水与建筑、水与绿化、水与水、水与产业、水与人的活动之间的关系,充分发挥滨水环境和景观的优势。

2.7.2 基地特征分析方法研究

在前述研究基础上,通过运用定性和定量分析相结合的方法,依据其观光休闲型村庄的发展要求,对自然景观特色的观光休闲型乡村空间发展进行研究,将村庄的空间资源要素进行评估。评估结论可以作为空间规划的技术手段和有力依据,指导村庄规划空间布局方案的形成。

(1) 评价对象

基于自然景观的观光休闲型村庄对自然景观风貌和休闲旅游发展的需求较高这一特征,考虑对现状空间资源利用价值的评价,研究对象重点确定为公共空间与建筑布局。因此,主要从建设空间、景观空间两个维度进行评价与分析。

建设空间的评价从交通空间、建筑空间、街巷空间三个方面考虑。交通空间选取了外部交通可达性、内部交通可达性两项因子。建筑空间选取了建筑风貌、建筑肌理两项因子。街巷空间选取了街巷景观的丰富度和街巷景观的连续度两项因子。

景观空间的评价主要从地形地貌特色度、水系景观特色度、农业景观特色度三个方面进行评价。

具体各项因子的评价标准及权重如表 2-10 所示。

表 2-10 现状空间资源利用价值评价因子

评价因子			分类	分值
建设空间	交通空间	外部交通可达性	可达性较好	6～10
			可达性较差	1～5
		内部交通可达性	可达性较好	6～10
			可达性较差	1～5
	建筑空间	建筑风貌	建筑风貌较好	6～10
			建筑风貌较差	1～5
		建筑肌理	建筑肌理特征明显	6～10
			建筑肌理特征不明显	1～5
	街巷空间	街巷空间的景观连续度	街巷景观连续度较高	6～10
			街巷景观连续度较低	1～5
		街巷空间的景观丰富度	街巷景观丰富度较高	6～10
			街巷景观丰富度较低	1～5
景观空间		地形地貌特色度	地形地貌特色明显	6～10
			地形地貌特色不明显	1～5
		水系景观特色度	水系景观特色明显	6～10
			水系景观特色不明显	1～5
		农业景观特色度	农业景观特色明显	6～10
			农业景观特色不明显	1～5

(2) 评价原则

动态发展原则：村庄的发展和演进是一个连续、动态的过程。评价其空间发展资源禀赋要根据其现实状况、未来的发展潜力进行综合评价，从而得到更为准确和完整的评价结果。

系统完整原则：村庄作为一个有机整体，其空间设计必须从整体角度出发，并全面选取村庄空间构成要素进行因子影响评价，形成一个评价系统。

可量化原则：各指标尽量简单明了、微观性强、便于收集，各指标应该要具有很强的现实可操作性和可比性。而且，选择指标时也要考虑能否进行定量处理，以便于进行数学计算和分析。

可比性原则：注意在总体范围内的一致性，指标选取的计算量度和计算方法必须一致统一，要求评价结果在村庄不同地段可比，通过比较反映各个地段发展实力的差距。

(3) 评价方法与设计策略

首先，综合考虑村庄用地类型、地形地貌、区位等现状特征，对规划村庄进行分区划分，得到村庄的若干个发展分区。其次，结合雷达图，对现状空间资源价值进行赋值打分，雷达图评价结果可反映出两种特征。

特征一为雷达图的饱满程度，饱满程度越高，总分值越高，说明该分区的空间资源综合价值越高，那么该分区的空间等级也越高。等级越高的空间公共属性也越高，功能趋向于复合化，越适合融合旅游服务等开放性功能；反之则空间资源综合价值越低，则等级越低，等级越低的空间公共属性也越低，功能趋向于单一化，越不适合增加过多的旅游服务等开放性功能。

特征二为雷达图的单项特色因子，即该区域的雷达图中某项因子评价分值较为突出，可以间接反映出该区域空间资源特色，从而判断该区域的特色空间职能属性。例如，外部交通可达性越高，越适合作为入口区域、停车设施空间。内部交通可达性越高，越适合作为广场、旅游集散以及公共设施的分布空间。建筑风貌、建筑肌理的特征越明显，越适合设置公共空间。街巷空间景观连续性越强，越适合作为旅游线路组织游线。街巷空间的景观丰富度越高，越适合成为旅游线路上的游览节点。

2.7.3 空间规划设计原则与方法

自然环境、历史文化环境、历史文化传统、建筑风貌和经济结构等构成农村空间特色的因素。

（1）凸显自然景观环境特色

首先要考虑地理位置、地形地貌、自然资源等，其次要考虑村庄周围的地理环境特征。

（2）传承地域文化特色

广大农村地域外来文化影响极少，虽然经济不断发展，文化风俗也在演变，但建筑风貌与建筑空间肌理应该得到延续和发扬。在进行自然观光型乡村规划设计中，对当地的原有建筑与空间肌理也必须给予足够尊重。

（3）延续宜人尺度

开敞空间应当建立适宜的空间尺度，以形成符合农村特色的尺度宜人的空间，延续人们身处其中感到的强烈的归属感，让公共空间、活动空间、交通空间等成为人们感情交流和地区认知的场所。

（4）重视整体设计

首先，应重视骨架空间。骨架空间即道路街巷空间。空间规划以骨架空间作为核心，对农村道路的自然环境、建筑群、广场、绿地、文化古迹以及各种村庄公用设施的空间布局进行统一考虑。

其次，应当重视节点空间。节点是村庄空间形态上重要的景观展示点，如村口、村民活动广场、标志性建筑或标志性公共空间等。这些节点空间通常是村民对家乡的形象记忆、亲切感的重要所在空间。应当注意不要盲目地模仿城市广场设计手法，空间宜小不宜大，材质宜"土"不宜"洋"，规划设计中要注重结合当地地域独有的特性,利用当地材料、传统文化符号,结合社会、人文特色,展现地方自然风貌和风土人情,并强调节点的实用性、观赏性、地方性与艺术性相结合。

再次,应当注重建筑空间。乡村建筑空间布局技术可分为直线平整型、直线错落型、围合平整型、围合错落型、散点型五种模式。自然景观型的特色乡村宜结合传统肌理,综合运用,并避免形成单调的直线平整型或围合平整型。

表 2-11 乡村建筑空间布局技术各模式比较

类型	布局要点	优点	缺点
直线平整型	建筑成行列式布置,南北朝向,受地形影响较小,排布整齐	日照、通风均等性较好,设施施工方便	地形要求较高 空间呆板单调
直线错落型	建筑成行列式布置,南北朝向,受地形影响出现错栋布置	交通空间通风良好,建筑行间通风较好。景观效果比直线平整型要好	易形成穿越交通干扰
围合平整型	建筑成行列式布置,南北朝向,有明显的公共中心	院落较完整,一般较适用于寒冷多风沙地区。有利于村庄邻里关系	朝向采光较差 空间较为单调
围合错落型	建筑成行列式布置,南北朝向,受地形影响出现错栋布置,有明显的公共中心	采光通风较前者好 公共空间通风良好 空间景观较为丰富	朝向采光一般 地形要求较高
散点型	受地形影响很大,分成若干组团,但朝向基本都是南北朝向	地形接受度高,可围绕绿地、水面有规律地或自由布置	经济性较差 公用设施不便

引自《乡村自然生态系统保护与修复技术研究及示范》

2.7.4 空间规划技术要点研究

梳理现有同类型乡村规划实例技术路径、指标,结合长三角地区各省市村庄规划编制导则相关要求,总结自然景观特色的观光休闲型乡村规划技术体系,如表2-12。

表2-12 自然景观特色的观光休闲型村庄规划空间规划技术体系

规划目标	规划策略		规划内容	技术指标
合理布局生产生活空间,为自然景观特色的观光休闲型村庄的旅游发展提供支撑	建设空间	提高交通空间的可达性 传承优秀传统建筑风貌与肌理 提升街巷空间的景观连续性与丰富性	功能布局 路网布局 设施布局 节点布局 景观布局 公共空间设计	用地面积 建筑密度 建筑高度 服务半径 空间结构 贴线率 硬地率
	景观空间	彰显地形地貌特色 塑造水系景观特色 融合农业景观特色		

自然景观特色型的观光休闲乡村的空间规划,应当重点考虑空间评价、规划布局、空间形态三个重要方面。

(1) 空间评价

应从景观空间、建设空间两个维度进行评估,分别对交通空间可达性、建筑风貌、建筑肌理、街巷空间景观连续度、街巷空间景观丰富度、地形地貌特色度、水系景观特色度、农业景观特色度进行评价。

(2) 规划布局

应通过景观空间和建设空间的评价结果,确定具有地域特色自然景观价值的村庄区域,确定适宜建设综合中心、开敞空间、景观节点、游线组织的空间选址,确定规划结构,合理进行布局。

(3) 空间设计

应分析地形地貌、村庄特色景观,提取空间特色要素,明确空间特色,综合确定各类空间形式。

2.8 道路规划设计技术研究

2.8.1 基础研究

关于乡村道路的建设标准很多文献对其进行了研究。如《村庄道路系统规划指标体系在新农村建设中的应用》提出了道路交通的指标体系结构(见图2-9)。

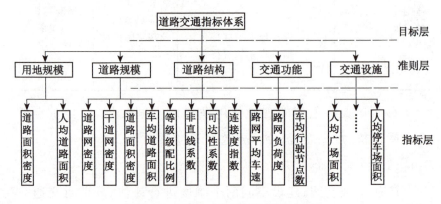

图2-9 道路交通指标体系结构

《江苏省村庄规划导则》从面上针对江苏的村庄提出基本的道路布局原则、铺装材质和停车场设置要求,并根据村庄的不同规模和集聚程度,确定道路等级与宽度;《江苏省村庄环境整治指引》从改善村庄道路通达水平的角度,对村庄道路系统规划建设提出了通则式的原则,并与《江苏省村庄规划导则》做了较好的衔接;《浙江省村庄设计导则》在整体环境设计中重点对村庄道路从线型规划、断面设计与选材、交通安全规划与设计三个方面提出道路规划设计的原则与要求;《上海市村庄规划编制与管理导则(试行)》对村庄道路的规划导向、道路等级、交通设施提出简单的通则式要求;《村庄规划》一书则在系统研究乡村特征的基础上,确定了乡村道路功能适用、造价经济、因地制宜和传承文脉等的一般性规划原则,提出了村庄道路的七种布局形式,并针对不同产业特点的村庄从停车场、道路等级及断面提出一些规划建议;《生态道路设计若干问题探讨》对道路设计提出了节省材料、生态道路排水系统设计、生态护坡建设等原则和方法。

综合以上研究,尤其是具体对比上海、江苏和浙江三省市的村庄道路规划建设要求可以看出,长三角作为全国经济发达的快速城镇化地区,村庄规划建设中应充分考虑机动车通行的交通需求,一般村庄主次道路采取人车混行的交通组织方式;应充分考虑现代化生活的需求,道路系统应有利于村庄的发展建设,并满足其绿化和市政管线敷设等要求;应结合当地的山、水、林、岛等特征因地制宜规划线型,做到顺应地形、串联要素、富于变化;应重视村庄的"乡味",避免出现城市型做法,一般不设专用人行道,次要道路和宅间路选用生态、乡土的材质铺设。

2.8.2 交通特征分析

研究相关案例可知,区别于其他类型的村庄,自然景观特色的观光休闲型乡村交通特征主要表现在以下四个方面:

(1) 机动化显著

分析现有发展较好的自然景观特色的观光休闲型乡村,一般均位于城市近郊区,紧邻城市道路或县级以上公路边缘。由于经济条件较好,村民一般就近就业,因此生产生活中的机动车保有量较远郊村和经济一般村更高。基于客源地和服务对象需求,游客对机动车交通依赖较大,基本采用小汽车和旅游大巴的交通方式,对村庄的机动车服务设施需求量大。如南京市江宁区乡村旅游的"五朵金花"。每逢旅游旺季和节假日,道路和停车场均处于饱和状态。

(2) 道路曲折蜿蜒

基于中国传统"天人合一"的发展理念、实践建设中的工程量节约和建设用地集约的要求,村庄住宅与道路一般均与地形地貌相契合,顺水、顺等高线建设,因而多数道路呈现曲折蜿蜒的自然形态。如连云港市连云区的滨海观光休闲型乡村凰窝村,面海背山,沿等高线排列住宅,道路顺势而建(见图 2-10)。

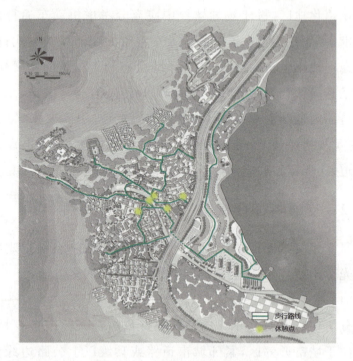

图 2-10　凰窝村道路分析图

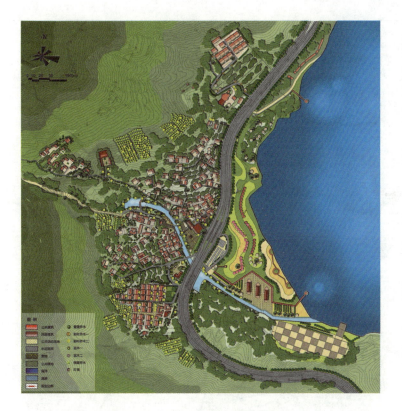

图 2-11 凰窝村规划总平面图

（3）步行交通需求大

自然景观特色的观光休闲型乡村对观景游览和参与体验的服务要求较高，因此对步行道路及其配套设施的需求较大。如湖㳇镇张阳村位于太湖西侧，紧邻山体，属于宜兴市阳羡生态旅游区。村内服务旅游规划建设了完善的绿道线网，融入以南山路为主的绿道体系（见图 2-12）。

（4）生态与景观要求高

基于自然景观特色的保护与利用、观光休闲的视觉"乡味"需求，自然景观特色的观光休闲型乡村对道路的材质、铺设方式、标识造型、植物品种与种植方式上更强调生态、自然，需要在

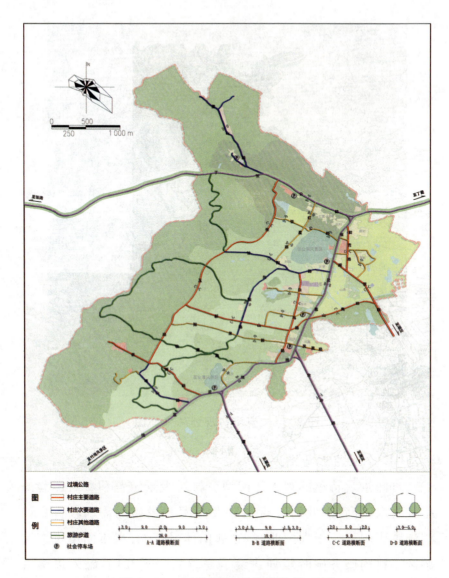

图 2-12　湖㴽镇张阳村道路体系图

融入村庄环境的基础上进一步提升、彰显村庄特色。

2.8.3　道路规划技术研究

以理论研究为基础,依据相关规范,结合乡村观光休闲需求调研和相关案例分析,针对自然景观特色的观光休闲型乡村特征,提出道路规划的具体方法。

(1) 交通组织:引导功能优化

应在满足村民基本生活需求,根据实际道路现状进行局部优化设计,避免不利组合,确保行车安全;合理引导旅游人群进入村庄提供观光休闲服务的区域,积极促进观光休闲产业发展。

对外交通组织:村庄主要道路应与区域旅游线路、三级以上公路或城镇主要道路有较为直接的连接,形成方便快速的对外联系。对于现状穿越村庄的三级以上公路应在规划中进行调整。设置为休闲活动服务的集中停车场和临时停车场。

内部交通组织:村庄内部道路一般采取机非混行的组织方式。应减少内部生产生活的交通流线与外来观光休闲交通流线的干扰,并以慢行系统把观光休闲功能与村内体验展示功能融合。即内部生产生活为主的道路应与休闲观光线路适度分离,兼具休闲观光性质的生活性道路应以步行交通为主;服务于观光休闲产业的道路应融入自然景观、串联景观和休闲活动节点,尽量成环成网。景观片区内交通以步行为主,片区间适度机非混行。除环岛路外,其他村庄外围应避免设置专用外环路。以货运为主的道路不应穿越村庄中心地段。

(2) 道路线型:凸显自然特色

道路基本布局模式:村庄道路走向应顺应地形,尽量做到不推山、不填塘、不砍树;以现有道路为基础,顺应现有村庄格局和建筑肌理,景观应富于变化,以自由形、一字形、放射形为主,延续村庄乡土气息,传承传统文化脉络。

沿山道路布局模式:主要道路、车行道路应沿山体的等高线设置,线型平顺,确保行车安全。步行道应结合景观节点和住宅设置,有效减少步行距离,且一般呈阶梯状或坡道,形态自由、曲折,富有趣味性。路段纵坡度大于3.5%时,应采取相应的防滑措施。

滨水道路布局模式:道路沿水岸线应采取平行布局为主的线型,局部可跨越。滨水慢行步道应同时结合景观设计,局部曲折、富有变化;滨水车行道路应同时保证线型平顺、交通安全,并尽可能留有适当距离,便于布置滨水活动空间。

田间路布局模式:应尊重地形地貌,充分利用现有田埂路布置田间路,不宜新增田间路。确实因观光游览或体验活动需要新增的田间路,应延续原有田间路的肌理。

(3) 等级结构:形成宜人尺度

根据村庄的不同规模和集聚程度,结合旅游车辆的通行要求,选择相应的道路等级与宽度(见表2-13)。

表2-13 自然景观特色的观光休闲型乡村道路等级

规划技术指标	道路等级		
	主要道路	次要道路	宅间路
计算行车速度(km/h)	20	10	—
路面宽度(m)	6~9	3~4	2.5~3

村庄内部等级一般可按照主要、次要、宅间道路进行布置,道路计算行车速度不宜大于20 km/h,条件受限制时可局部路段限速。

主要道路路面宽度一般应为6~9 m;村庄次要道路路面宽度一般应为3~4 m;宅间道路路面宽度一般应为2.5~3 m。规模过大(3 000人以上)或旅游人流量大的村庄,主要道路可适当拓宽到10~12 m。

联系景观片区间的道路应依据上位规划确定。上位规划未确定的,一般等级应按村庄主要道路确定。

田间路宽度一般应为0.6~0.8 m。

(4) 断面形式:保证安全实用

村庄道路一般从横断面上可以划分为路面、路肩、边沟(坡)三个部分,宜采用一块板的形式。具有休闲观光性质的道路,应加宽人行道,增加步行空间。路面主要是满足道路的通行畅通的需要。路肩和边沟(坡)则满足保护道路路面的需要。道路路肩在实际使用中主要用来保护路基,应种植树木和花草,也可铺装成人行道。道路边沟(坡)在实际使用中主要用来排放雨水、保护路基,有封闭式和开敞式两种主要形式。

次要道路、宅间路、田间路和休闲专用步行道路,可简化断面形式,在绿地与混凝土路面、花砖路面、石材路面和砂石路面的交界处不设路肩,由路面和边沟(坡)两部分构成。

(5) 公共停车场设计:布局便捷灵活

应结合村庄主要出入口、旅游景点或者旅游服务设施设置为旅游服务的集中式停车场,并宜设置在村庄边缘。

村民私家车可按大分散与小集中相结合的原则布局。较大规模的村庄采取分片集中布局,较小规模的村庄采取集中布局。

村庄内部主要道路两侧可局部设置停车带,供临时停车使用。

(6) 道路交通规划指标

根据《农村道路规范》,村庄道路规划一般应重点考量人均道路长度、道路硬化率、道路网密度三个统计指标。

人均道路长度:最能综合反映村庄道路交通通达状况。

道路硬化率:综合反映村庄道路的建设质量,指村庄硬化路面的道路面积占道路总面积的比例。

道路网密度:村庄道路总里程/村庄总面积。

考虑到自然景观特色的观光休闲型乡村的观光休闲线路的组织和功能需求、外来人口的服务需求,道路交通规划统计指标应高于本地区其他类型村庄的指标。

2.8.4 道路设计技术研究

针对自然景观特色的观光休闲型乡村的生态与景观的保护、利用和提升的要求,道路设计中应重点遵循以下原则:

(1) 路面材料

村庄的主要道路和交通流量较大的道路宜采用硬质材料为主的路面,一般情况下使用水泥路面,也可采用沥青、较平整的块石、混凝土砖等材质路面。考虑休闲观光的慢行需求,可划定专门的步道空间,用不同颜色的材料铺设和划线加以区分。

次要道路、宅间路和休闲专用步行道路应根据长三角地区的资源特点,优先考虑选用卵石、石板、青砖、砂石等合适的天然材料,并充分利用废旧砖等闲置建材,既体现乡土性和生态性,又节省造价。

具有历史文化传统的村庄的生活性道路路面宜采用传统建筑材料铺设,并保留和修复现状中富有特色的石板路、青砖路等传统街巷道。

田间路优选砖石、碎石、块石作为铺装材料,也可选用废旧建材或石磨、石碾(见图 2-13)等传统农具作为铺装材料,并可采用连续铺设或断续铺设的方式(见图 2-14),增强休闲的趣味性。

图 2-13 田间路铺装材料

图 2-14 田间路铺设方式

(2) 路肩设置

路肩设置应"宁软勿硬",宜优先采用土质或简易铺装,不必过于强调设置硬路肩。路肩可选用水泥、卵石、碎石、石材、青砖、花砖和土质等,宜使用平缘石。

(3) 边沟(坡)

村庄内多采用暗沟加石板盖的方式,或直接使用明沟。可采用块石、砖、卵石和混凝土砌筑。铺设地砖的地面所用边沟应和铺地适配,并注意色彩搭配。块石砌筑的沟体边缘可以不勾缝或简单勾缝;沟底可以设置土质,利于乡土水生植物生长美化边沟,保护生态环境。

村庄边缘和自然景观区内的边沟宜设置为简易的生态植草沟,保持乡土自然景观特色。

(4) 道路排水

当道路周边有水体时,应就近排入附近水体;道路周边无水体时,根据实际需要布置道路排水沟渠。

道路紧邻建筑,路面应适当低于周边地块,利于周边地块雨水排放。

道路两侧为农田、菜地时,路面宜高于周边地块,采取漫排的方式。

(5) 路灯照明

路灯一般布置在村庄主次道路一侧、丁字路口、十字路口等位置,具体形式应根据道路宽度和等级确定。

路灯架设方式主要有单独架设、随杆架设和随山墙架设三种方式,应根据现状情况灵活布置。自然景区内和休闲服务设施处可以采取地灯照明的方式。

路灯造型应结合村庄特色设计,体现乡村气息、休闲观光主题。

（6）停车场

停车场应设计为生态停车场,多采用植草砖铺设,也可使用砂石铺设。停车场边缘应种植大型乔灌木,为停放车辆提供庇阴保护,并起到隔离防护和减噪的作用。

（7）道路景观

道路绿化应保留原有植被,多用经济作物,选择乡土品种,以乔木为主、灌木为辅,适当种植地被植物,以减少土壤裸露和道路污染,提高防护功能,加强绿化效果。

主、次要道路两侧可以因地制宜采取乔木进行行列种植,下层通过撒播自衍花卉丰富道路景观,烘托自然乡土氛围。

宅间路、休闲专用步行道路可在两侧采取不对称式的方式补植果树、地被。

停车场植被以乔木为骨干树种,常绿和落叶乔木相间种植,底层分布花灌木球,构成丰富的植物群落结构。树种的选择应考虑到树形本身的遮阴效果,选择分枝点高、枝条韧性强的树种。

为提升村庄的景观特色,指路标志材料应以木质、仿木制为主,进行适当设计。高度不宜太高,一般在 2 m 左右,且版面内容主要以为游客指明方向为主。

2.8.5 道路规划设计技术要点研究

综合以上研究,自然景观特色的观光休闲型村庄的道路规划设计技术体系一般应如表 2-14 所示。

表2-14 自然景观特色的观光休闲型乡村道路规划技术体系

规划目标	规划策略	规划内容	技术指标
支撑旅游，改善生产生活条件	道路系统	交通可达性 经济安全性 游憩趣味性	交通组织 道路线型 等级结构 断面形式	可达性（距主要服务对象的交通时间） 公共停车位数 人均道路长度 人行道连续性（人行道有效长度/道路实际长度） 道路非直线系数 道路硬化率 道路网密度 道路宽度 道路等级

道路规划设计技术要点应包括道路规划和道路设计两个方面。

（1）道路规划

交通组织应梳理区域交通，重视慢行交通及旅游交通的需求，加强与旅游专线、区域主要通道等对外交通的联系；合理布置公交站点、自行车换乘点、公共停车场等交通设施，明确规模与形式；满足村民日常生产生活的需求，充分考虑停车安全，减少干扰。

道路系统应充分考虑观光休闲发展要求，完善村庄内部道路，设计游览路线，合理组织车行交通、布置慢行步道，形成层次清晰、功能分明的路网，并与旅游点和景区形成紧密联系。

道路线型应顺应自然、延续乡村空间肌理，展现自然特色风光和乡土风貌，传承传统文化脉络。

（2）道路设计

道路铺装突出特色化、乡土化和生态化要求，符合和满足生产生活、游览需求，合理美化，鼓励采用生态型材料、地方传统材料与工艺。

道路空间应尺度宜人，宜采用一块板形式，应景观与地方特色相结合；设计上应在保证使用效果的前提下，结合外部条件，因地、因材就简，采用乡土植被绿化，便于维护。

道路设施应结合观光休闲发展需求，设计简朴大方，设置体现乡土特色和旅游主题的路灯、指示牌、座椅、垃圾桶等。

道路绿化应多选择乡土品种，丰富层次。采用撒播自衍花卉丰富道路景观，可以烘托自然乡土氛围。

2.9 基础设施规划技术研究

2.9.1 基础研究

《村庄整治技术规范》（GB 50445—2008）中指出，基础设施是维持村庄或区域生存的功能系统和对国计民生、村庄防灾有重大影响的供电、供水、供气、交通及对抗灾救灾起重要作用的指挥、通信、医疗、消防、物资供应与保障等基础性工程设施系统，也称生命线工程。

近几年随着新农村建设的推进，国内学者越来越多地关注农村居民点基础设施的研究。目前国内有关农村基础设施的研究主要在经济投入及建设时序方面，而针对自然景观特色的观光休闲型乡村在基础设施配置建设上并无相关内容，仅在部分基础设施规划建设上提出其应与乡村乡土环境相协调的要求。

研究认为，自然景观特色的观光休闲型乡村基础设施规划建设的重点仍在于确定基础设施需求重点和优先顺序，完善乡村的基础生活生产问题，规划内容主要为乡村供水、排水、供电照明、通信、能源利用、环境卫生、灾害预防等方面。在此规划内容的基础上，结合乡村特色景观资源，与周边环境进行协调。

基础设施规划基本原则、建设目标及途径见表2-15。

表 2-15　基础设施规划基本原则、建设目标及途径

类别	内容
基本原则	规划引领、功能保障、生态优先、因地制宜、经济适用
建设目标	居民生活美、乡村环境靓
建设途径	需求分析、多方参与、生态工程、景观打造

2.9.2　现状特征分析

对长三角快速城镇化地区观光休闲型美丽乡村进行抽样调查,选取南京、南通、盐城等地区 110 个观光休闲型乡村样本进行调查,调查结果显示,供水方面,区域供水已基本敷设到位,给水工程总体实施较好。但村庄给水管道建设方面仍存在少量问题,主要为部分管网建设年份较久,需要改造;乡村人均生活用水量方面,现状乡村人均生活用水量差距较大,最小人均用水量仅 26.87 升/(人·日),最大 119.23 升/(人·日)。乡村自来水供应分析结果表明,96.04% 的居民表示其所居住乡村全年正常供水,定时供水的居民比例为 3.42%,0.54% 的居民反映村庄有经常停水现象(见图 2-15)。

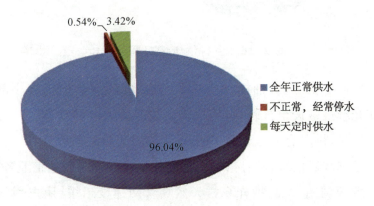

图 2-15　乡村供水情况调查结果

乡村排水方面,现状村庄缺乏污水处理设施,98.3%的村庄无污水处理设施。雨水排放方面,少数村庄由于地势、排涝能力等原因存在部分易涝点,积水深度达20~40 cm,亟须解决。

供电照明方面,村庄杆线及供电设施均已进行了整治,基本解决了农村低压网络设施老旧、低压线供电半径过长、表计故障较多、乡镇建设管理与配电网建设不协调、乡镇配网管沟预埋项目难以落实的问题。

2015年抽样乡村综合电压合格率为99.845%,一户一表率达100%。村庄内部照明设施建设情况参差不齐,仅部分江苏三星级康居示范村庄及美丽村庄按要求设置,其他村庄多缺乏照明设施(见图2-16)。

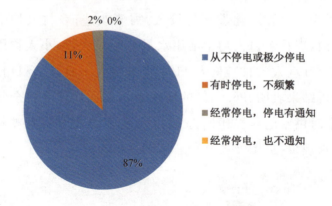

图2-16　乡村供电情况调查分析

邮政通信方面,抽样村庄基本完成光纤入村,但仍有小部分村庄光纤仅敷设至行政村,用户仍以拨号为主。移动信号已覆盖所有农村,村庄有线电视入户率逐步提升,基本达到90%。村庄内缺乏邮政通信综合用房,村民需前往集镇办理邮政通信业务。

能源利用方面,抽样乡村天然气管网建设迟缓,用户用气方式主要为瓶装液化气,安全性较差,隐患较多。村庄太阳能普及率较高,太阳能使用形式多以太阳能热水器及太阳能路灯为主(见图2-17)。

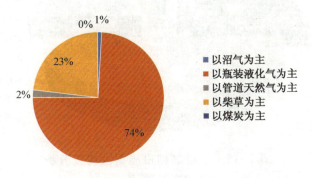

图2-17 乡村能源结构调查分析

环境卫生方面,县(市、区)、镇、村三级垃圾收运处理体系基本完善,乡镇基本已配置垃圾转运站。村庄配备了垃圾收集桶、垃圾池,但垃圾收集设施质量参差不齐,且村内仍存在垃圾随意丢弃现象。

农村户厕大部分已进行水冲式改造,但村庄内公厕数量较少,质量也参差不齐。

灾害预防方面,乡村内部消防设施缺乏,乡村消防水源以周边水系为主,室外消火栓建设缓慢;乡村缺乏有效的避难疏散场地,村庄避难疏散通道建设较为缓慢,缺乏相应预警系统。

从长三角快速城镇化地区的区域角度分析,乡村污水处理、环境卫生、能源利用成为需求最强烈的基础设施。生活污水处理方面,约50%的调查居民认为生活污水设施为目前村庄最需要建设的设施;其次为供气设施,20.13%的居民认为天然气通村为乡村基础设施建设的基本需求;环卫设施方面,约13%的居民认为公厕环境维护也是基础设施建设的重点(见图2-18)。

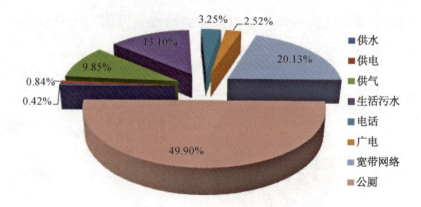

图 2-18 乡村基础设施需求调查分析

2.9.3 基础设施规划技术研究

1) 查漏补缺,关注需求

针对具体自然景观特色的观光休闲型乡村基础设施规划,首先,应整体调查村庄基础设施情况,了解村庄供水、排水、供电照明、邮政通信、环境卫生、灾害预防公用层面与周边区域的关系。

其次,分项细化基础设施调查内容,调查已形成观光休闲功能的类似村庄旅游人口对给水、公厕等资源需求带来的压力,关注村庄特色元素,为基础设施需求分析做铺垫,便于以后置入照明及环卫设施中,调查表如表 2-16。

表 2-16 村庄基础设施现状调查内容

序号	基础设施分项	调查内容	自然景观特色的观光休闲型乡村应关注的重点
1	乡村供水	人均生活用水量	调查已形成观光休闲功能的类似村庄旅游人口对资源需求带来的压力
		管网敷设年限	
2	污水处理	污水排放方式	
		生活污水收集管网	
		内涝	

(续表)

序号	基础设施分项	调查内容	自然景观特色的观光休闲型乡村应关注的重点
3	供电照明	路灯	关注村庄特色元素的置入
4	通信	光纤入村	—
		有线电视覆盖率	
5	环卫	公厕	调查已形成观光休闲功能的类似村庄旅游人口对资源需求带来的压力、关注村庄特色元素的置入
		垃圾收运	
6	防灾	疏散场地	

最后,明确村内居民对村庄基础设施需求情况,调查居民对村庄基础设施的满意度,通过自下而上的方式,获取居民对基础设施的要求情况。

2）强调重点,全面规划

针对村庄基础设施布局的现状及居民对基础设施的需求,基于城乡统筹、配置合理、建设生态的原则,合理规划配置村庄基础设施。

自然景观特色的观光休闲型乡村基础设施规划应考虑乡村旅游带来人口对村庄基础设施的影响,在乡村供水、污水处理、雨水排放、供电照明、邮政通信、环境卫生、灾害预防等方面针对自然景观特色的观光休闲型乡村的要求,强调规划重点（见表 2-17）。

表 2-17　村庄基础设施规划主要内容

设施规划类型	规划配置要求	自然景观特色的观光休闲型乡村规划重点
乡村供水	1. 明确水源、水量、水压 2. 确定主干管管道路由及设计参数 3. 考虑村内消防需求	考虑旅游人口带来的资源需求

（续表）

设施规划类型	规划配置要求	自然景观特色的观光休闲型乡村规划重点
污水处理	1. 统筹考虑，比选集中处理方案与分散式处理方案，建设生态型污水处理设施 2. 确定污水处理设施位置、规模、工艺 3. 确定主干管管道路由	注重邻避效应，与周边景观相协调，打造处理景观多功能型污水处理设施；完善农家乐、民宿的污水处理前端设施
雨水排放	1. 充分利用地表径流，明确明沟或暗渠（管）雨水排放方式 2. 考虑雨水资源化利用，明确利用方式及利用设施	注重居民生活生产习性，尽量以原生态手法进行规划建设；注重生态化沟渠的建设
乡村供电	1. 明确村内供电电源数量、规模、位置 2. 确定村内中压线路敷设方式及路径	考虑旅游人口带来的资源需求，适度提高供电量
乡村照明	1. 选择路灯的灯源方式 2. 规定主干路路灯间距	与周边景观相协调，建设多功能型照明设施
能源利用	1. 明确入村燃气气源及管道路径 2. 制定村内燃气管道设计参数及敷设路径	
邮政通信	1. 明确光纤入户、有线电视入户率要求 2. 按服务半径进行移动通信基站布局 3. 规划布局邮政通信代办点	考虑旅游人口带来的资源需求
环境卫生	1. 规划垃圾收集站，确定其位置及建设样式 2. 按服务半径布局垃圾收集桶、果皮箱等设施 3. 选取合适化粪池进行户厕改造	考虑旅游人口带来的资源需求，与周边景观相协调
防灾减灾	1. 明确村内消防水源、消防用房 2. 布局村内消防通道 3. 布局疏散场所	考虑旅游人口带来的资源需求

基础设施规划建设中,应针对居民需求强烈的基础设施,尊重地方习俗,可邀请居民加入规划设计团队进行设计,坚持引导村民全过程参与设计的优化,最终形成便民、工程实用性强的村庄基础设施规划设计方案。

3) 精准定位,深入研究

针对污水处理及雨水排放类高需求基础设施,规划结合乡村空间布局、村民意愿进行深入研究。

(1) 污水处理

① 处理模式研究

生活污水处理模式应遵循"接管优先、相对集中处理与分散处理相结合"的原则,观光休闲型乡村在选择生活污水处理模式时,应考虑居住形态、地形地貌等因素,因地制宜地从"接管处理模式""相对集中处理模式""分散处理模式"(见图2-19、图2-20)中选择。

各模式适用范围及优缺点见表2-18。

表2-18 村庄污水处理模式

序号	处理模式	适用范围	优缺点
1	接管处理模式	靠近城区、镇区且满足城镇污水收集管网接入要求的村庄	投资少、施工周期短、见效快、统一管理方便
2	相对集中处理模式	布局相对密集、规模较大、经济条件好、旅游业发达、位于水源保护区内的村庄	占地面积小、抗冲击能力强、运行安全可靠、出水水质好
3	分散处理模式	布局分散、规模较小、地形条件复杂、污水不易集中收集的村庄	占地面积少,但处理设施数量多,维护管理投资成本大

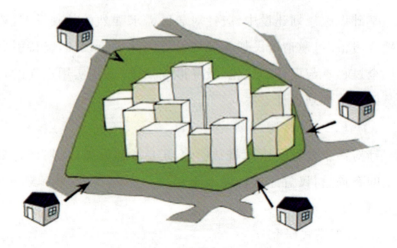

图 2-19 接管处理模式示意图

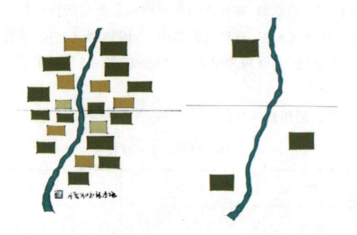

图 2-20 相对集中处理、分散处理模式示意图

② 污水处理工艺研究

根据长三角地区多年农村污水处理经验,"厌氧池＋有机填料型人工湿地""WDL/WS－DL200 微动力高效复合渗滤床＋氮磷消化湿地""HyWaT(海沃特)复合生物处理""脱氮池＋脉冲生物滤池＋人工湿地"四种处理工艺具有良好的污水处理推广意义(见表 2-19)。

表 2-19 主要污水处理工艺适用技术对照

序号	处理工艺	适用条件	处理效果
1	厌氧池+有机填料型人工湿地	居住相对集中、当地水环境容量大、村庄经济基础相对较弱,同时对氮、磷去除有一定要求的村庄。排水高差≥0.2 m的村庄可利用其地形落差,避免水泵提升	多级跌水有机填料型人工湿地出水水质达到《城镇污水处理厂污染物排放标准》(GB 18918—2002)一级B或A标准;单级跌水有机填料型人工湿地整体出水水质优于《城镇污水处理厂污染物排放标准》(GB 18918—2002)二级标准
2	WDL/WS-DL200微动力高效复合渗滤床+氮磷消化湿地	平原、丘陵地区的小型集镇,居住相对集中的农村,小型农村旅游景区等的生活污水处理;适用于对氮、磷去除有一定要求的村庄生活污水处理。污水处理能力为日处理10~200 t	处理设施处理出水水质指标可以达到甚至优于《城镇污水处理厂污染物排放标准》(GB 18918—2002)中一级B标准
3	HyWaT(海沃特)复合生物处理	居住相对集中,经济条件一般,对氮、磷去除有一定要求的村庄生活污水处理	出水水质指标可达到《城镇污水处理厂污染物排放标准》(GB 18918—2002)中一级B标准
4	脱氮池+脉冲生物滤池+人工湿地	适用处理规模为5~200 t/d;适用于河网区、平原或地形较为平坦的地区,有一定闲置地,住户相对集中,户数从十几户至数百户;适用于中小企业生活污水处理	出水水质可稳定达到《城镇污水处理厂污染物排放标准》(GB 18918—2002)中一级B标准

③ 管道布置研究

布置原则:沿路沿河布置、田间布置两种布置思路。当村内地势平坦、房屋相对集聚、村内现状道路条件一般时,宜采用沿路沿河布置思路;当村内地势高低悬殊、房屋分布分散、村内现状道路条件较好时,可在不影响田间作物种植的基础上,采用田间布置思路。

同一村庄可采用两种布置方式相结合进行污水工程规划

设计。

污水管道布置方式优缺点见表2-20。

表 2-20　污水管道布置方式

序号	处理模式	适用范围	优缺点
1	沿路沿河布置	村内地势平坦、房屋集聚度高、道路现状条件一般	可与道路同步实施,投资小、施工周期短、见效快、管理方便
2	田间布置	村内地势高低悬殊、房屋分布分散、村内现状道路条件较好	对道路影响较小,管道工程量小,运行存在一定风险

敷设要求:污水管道管材可根据地方实际选择混凝土管、陶土管、塑料管等多种材料。管道外壁距建筑物外墙的净距不宜小于1.0 m,且不得影响建筑物的基础,距给水管道的净距不宜小于1.0 m;污水管道在行车道下覆土不应小于0.7 m。村庄道路污水干管管径不小于DN 200 mm,最小设计坡度为0.004;支管管径不小于DN 150 mm,最小设计坡度为0.005,污水检查井的间距根据污水管道管径确定,当污水管道管径为DN 150 mm时,检查井间距不宜大于30 m,当管径大于等于DN 200 mm时,检查井间距不宜大于40 m。

(2) 雨水排放

雨水排放模式:自然景观特色的观光休闲型村庄雨水排放模式有自然漫排、有序收集排放、收集利用排放三种模式。自然漫排适用于地势高低悬殊及房屋分布分散的小规模村庄,由于雨水收集下垫面规模有限,雨水基本无收集利用的意义,以自然漫排、涵养地下水为主;有序收集排放适用于村内地势平坦、房屋集聚度高、村庄周边水塘丰富的村庄,推荐采用沟渠组织雨水排放,既有景观效果,又可满足功能需求;收集利用排放适用于周边水系较少,居民生活或生产对雨水有一定需求的村庄(见表2-21)。

表 2-21　雨水排放模式

序号	处理模式	适用范围
1	自然漫排	村内地势高低悬殊、房屋分布分散、雨水收集下垫面规模有限、地下水涵养要求高
2	有序收集排放	村内地势平坦、房屋集聚度高、村庄周边水塘丰富的村庄
3	收集利用排放	周边水系较少,居民生活或生产对雨水有一定需求的村庄

雨水利用用途:自然景观特色的观光休闲型村庄雨水工程规划应在调查村庄生活生产习惯的基础上,明确雨水排放或利用的出路。对雨水利用有特殊要求的村庄,雨水规划方案应符合生产生活需求。无特殊要求的村庄,应从低影响开发、生态雨洪管理的角度进行雨水排放规划设计。如村内设计排水浅沟、庭院式的低影响开发滞留设施、蓄水设施等。

选用排水浅沟实施雨水的收集或者排除,沟的线路采用一些优美的曲线设计,其两侧也可以进行绿化等景观设计,将原有的排水沟渠改造成植被浅沟,在其中种植大量的当地耐旱、耐涝草类,草的高度宜在 50~150 cm 内。植被浅沟能起到源头净化雨水水质的作用,且能降低暴雨流速,延缓洪峰的到来,增强雨水的下渗,减少地表径流量。

普通乡村庭院汇水面积相对较小,可采取雨水低影响开发滞留设施。低影响开发滞留设施不仅可控制地表径流量,还可净化雨水水质。低影响开发滞留设施可结合雨水花园共同建设,在降雨初期可采用弃流设施将污染严重的初期雨水舍弃以保证后续渗透设施的正常运行;对污染相对较轻的初期雨水可采用土壤净化渗滤系统处理;经弃流后的水质相对较好,可在庭院中设置雨水花园,种植花卉或当地季节性蔬菜,在有效利用雨水的同时,还起到净化雨水的作用,提高系统的安全性(见

图 2-21)。

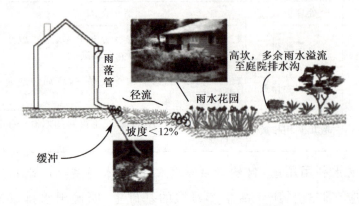

图 2-21　庭院低影响开发滞留设施

蓄水设施一般结合村内排水沟渠设置,以点串线的形态分布在村内或周边,收集的雨水既可用于村民的日常生活,也可作为其他用水水源(如消防、日常杂用等)。

2.9.4　规划技术要点研究

综合以上研究,基础设施规划技术体系见表 2-22。

表 2-22　自然景观特色的观光休闲型乡村基础设施规划技术体系

规划目标	规划策略	规划内容	技术指标
满足基本生活需求	依据各专业国家标准、规范技术要求	乡村供水 污水处理 供电照明 通信 环卫 防灾	国家标准、规范技术的标准指标
提升景观风貌,并满足观光休闲服务需求	考虑村庄特殊生活生产需求、人口容量及特色景观要求进行配套	在按标准配置的基础上,考虑特色,从模式、布局、风貌及长效运行角度进行规划	

（1）基础设施应全面调研，合理预测常住人口和旅游人口，系统规划各类设施。（2）应在满足村民基本生活要求的基础上，充分结合自然景观特色和旅游休闲需求，优化改进工艺，提升设施风貌。（3）基础设施应根据村庄分布特点和生活水平、区域发展条件、旅游发展模式，综合选定各类设施规划方案。

2.10 结论

相比于一般的村庄规划编制技术体系，自然景观特色的观光休闲型美丽乡村规划编制技术体系应综合考虑自然景观特色彰显和休闲旅游需求，进一步有针对性地改进，从现状分析、目标定位、生态保护、产业发展、空间布局，到住宅设计、景观设计、设施规划、实施建议等方面进行全面优化。在此基础上，研究进一步确定了各项内容的规划重点和原则，提高了规划编制技术体系的可操作性。

依托规划编制技术体系，重点研究其中若干主要内容的具体规划技术要点，提出具体技术体系。

在生态保护方面，重点研究了乡村生态规划设计方法。针对乡村自然生态景观资源保护，研究基于村庄规划的生态尺度建构合理的生态规划技术体系，研究确定以生态要素控制为导向的适宜的生态规划技术方法，提出美丽乡村规划层面的生态规划的技术路径。

在产业发展方面，重点研究了乡村观光休闲产业发展模式。针对村庄的观光休闲产业发展，重点研究了观光休闲模式及其规划技术思路，为村庄旅游发展指明方向。研究总结自然景观特色乡村具有三类观光休闲模式：景观休闲模式、生态度假模式、田园农家模式，提出适应范围和规划方法步骤。

在空间布局方面，研究提出空间布局规划应基于空间资源利用价值的评价，具体技术方法是：从建设空间、景观空间两个维度出发，选取多项因子进行赋值打分，得到综合评价结论。在此基础上首先确定功能布局：选择空间资源综合价值较高的空间开发公共属性较高的旅游服务等开放性功能；选择空间资源综合价值较低的空间安排公共属性较低的居住等私密性功能；选择单项特色因子较为突出的空间安排相应的特色职能。根据评价结论，再分别以类似的空间评分筛选技术方法，分别完成道路骨架规划和节点空间设计。结合功能布局、道路骨架规划和节点空间设计，研究适应村庄的聚落形态、公共空间布局模式、建筑群体组织模式、院落空间组织模式，最终形成整体的村庄空间布局方案，从而对各类建设空间和景观空间进行合理的布局安排，充分突出村庄的自然景观特色，有机组织村庄的生活功能和观光休闲功能。

在道路交通规划设计方面，研究针对自然景观特色的观光休闲型乡村特征，提出道路规划的原则：道路系统方面应重视慢行与旅游交通需求，线型自然、宽度适宜、断面合理，形成层次分明的道路体系；道路设计方面应铺装生态，完善道路排水、路灯照明和停车场地等设施，并合理选择绿化品种，丰富绿化层次。

在基础设施规划方面，研究提出应在对现状村庄基础设施评价的基础上，制定相应的规划策略，寻找规划的重点所在。同时，根据长三角地区当前的乡村基础设施主要问题，重点提出污水系统和雨水系统的规划技术，明确总体思路是：污水集中收集处理，雨水排放采用海绵排水中蓄、滞、渗理念，构建生态型排水通道。

第三章 美丽乡村建设景观营造技术集成研究

3.1 美丽乡村建设景观营造研究思路与方法

3.1.1 研究思路

通过对乡村各种自然景观元素和人文景观要素的分析,研究自然景观特色的乡村景观要素评价方法,明确规划原则。在此基础上,进一步研究适宜的绿化景观营造技术、特色景观节点营造技术和建筑景观营造技术。

(1) 乡村自然景观要素体系评价与规划方法

为合理保护和利用乡村自然景观资源,研究确定乡村自然景观特征,采用适宜的分析方法建构自然景观特色乡村景观要素评价体系;基于评价结果,确定规划对策与适宜方法。

(2) 绿化景观营造技术研究

按照尽量使用乡土绿植进行村庄绿化的原则,研究地方绿植特征,并具体提出公共活动场所、庭院、道路、滨水和村旁空间绿化景观营造方法。

(3) 特色景观节点营造技术研究

在充分结合自然条件、空间形态和地形地貌等方面条件基础上,基于乡村空间布局规划设计技术研究成果,重点研究适宜的滨水活动场地、村口、儿童活动场地、文化活动场地等特色景观节点营造技术。

(4) 建筑景观营造技术研究

在充分尊重场地自然条件,与周边环境协调,新建建筑的体形、朝向和间距合理的基础上,研究对于村庄内部不同类型、区域的建筑风貌整治技术。

3.1.2 研究方法

(1) 实地调查法

在绿化景观营造技术中,选取长三角地区典型村庄,通过对样本地现场实地踏看、调查记录,较全面地得出绿化植物应用现状。

在特色景观节点营造和建筑景观营造中,通过对特色景观节点的现状建设条件和建筑质量、风貌、层数等进行实地勘察,获得特色景观节点的规划设计条件和建筑景观风貌现状特征。

(2) 层次分析法

在评价乡村生态景观的研究中,在实地调研的基础上,确定影响乡村生态景观的要素,确定景观要素的权重,对其进行定量评价分析。

(3) 对比分析法

在绿化景观营造技术中将村庄中不同空间中植被种类及特征进行综合对比,分析其特质及构成差异程度。在特色景观节点营造过程中,通过对比分析各个节点的功能组成,确定最合理的公共空间总体布局。

3.2 生态景观方法特征与要素体系评价

3.2.1 乡村景观的内涵

乡村景观是相对于城市景观而言的,两者的区别在于地域划分和景观主体的不同。相对于城市化地区而言,乡村景观是指城市(包括直辖市、建制市和建制镇)建成区以外的人类聚居地区(不包括没有人类活动或人类活动较少的荒野和无人区),是一个空间的地域范围。刘滨谊指出,从地域范围来看,乡村景观泛指城市景观以外的具有人类聚居及其相关行为的景观空间;从构成上来看,乡村景观是由乡村聚落景观、经济景观、文化景观和自然环境景观构成的景观环境综合体;从特征上来看,乡村景观是人文景观与自然景观的复合体,具有深远性和宽广性。乡村景观包括农业为主的生产景观和粗放的土地利用景观以及特有的田园文化特征和田园生活方式,这是它区别于其他景观的关键[34]。

3.2.2 乡村自然景观特征分析

(1) 自然性突出

有异于城市景观以人工景观为核心,乡村景观是以自然景观为核心的景观系统,嵌入人居环境(如图3-1)。

(2) 景观多样性

乡村中的自然景观要素主要有山体、农田、果园、林地、草地、水系等。乡村景观多样性一方面体现在乡村景观的自然属性,另一方面,也反映在人类活动对土地利用和景观格局的改变也影响着乡村景观多样性。

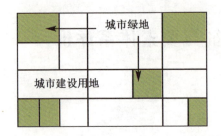 

图 3-1 城市景观与乡村景观模式示意图

（3）生态易塑性

乡村中的建设缺乏强制性的约束措施，乡村景观相较城市更容易受到人为活动的影响。但是，由于乡村自身的景观资源较为丰富，在科学合理的规划措施指导下，乡村景观要素的塑造相比城市景观要素更具自然美。

3.2.3 乡村景观要素

李莹提出，根据美丽乡村建设的内容，乡村景观要素主要包括聚落性景观、自然性景观、非物质文化性景观和生产景观 4 种类型[35]，每一种类型都包括多种景观要素。基于李莹研究结论的基础，根据长三角地区乡村的特征，乡村景观可分为 4 种类型 11 种主要景观要素（如表 3-1）。

表 3-1 乡村景观要素分类

类型	景观要素	内容
聚落性景观	空间布局	乡村空间肌理，与周边地形地貌的关系
	道路	道路的走向与材质，与乡村地形地貌的关系
	建筑	乡村民居和公共建筑的景观风貌
	场所	乡村内公共活动空间
自然性景观	地形	乡村内部的自然地形
	植被	村旁、宅旁、路旁和水旁的植被
	水体	乡村内的河塘水系，水体景观

(续表)

类型	景观要素	内容
生产性景观	农业种植	农田和其他高效农业种植等农业景观
	构筑物	为农业种植配套的构筑物的景观风貌,如灌溉设施、大棚、仓储用房等
文化性景观	物质历史遗存	乡村内部的历史遗存,包括历史建筑、文物保护单位、历史环境要素等
	非物质文化遗存	乡村内部的风俗习惯、传统技艺、表演艺术等非物质文化遗产

3.2.4 自然景观特色乡村景观评价标准

(1) 评价原则

科学性原则:科学性是乡村景观评价活动的前提和基础。评价体系的构建最终是通过对具体指标的判断来实现的。因此评价因子必须具备科学性。因子的选定,必须是在专业内被认可的能够反映一定特征的定性描述。

层次性原则:乡村景观评价是一个庞大的系统,所涉及的评价因子众多,评价因子之间又相互联系。自然景观特色的乡村景观评价应构建一个以自然性景观要素为主,层次分明的评价系统。

针对性原则:针对自然景观特色的乡村,评估因子应以自然性景观要素为核心,对其他景观要素的评价侧重在自然性景观要素与其自身的关联度上。

(2) 评价对象

自然景观特色的观光休闲型乡村侧重突出乡村的自然景观风貌,考虑现状景观资源的特征,主要对地形、植被、水体、农业种植进行评价,对其他景观要素的评价侧重在与这些地形、植被和水体的关联度上。

(3) 评价方法

在对自然景观特色的观光休闲型村庄的景观要素的评价过程中,结合德尔菲专家打分的方法,确定各项乡村景观评价因子的分值区间,而后运用 AHP 层次分析法确定指标间的相对权重,确定示范基地内各景观评价因子的分值(如表 3-2)。

表 3-2 自然景观特色的乡村景观评价因子

评价因子			分类	分值
自然性景观	地形	高差	高差在 6~10 m	6~10
			高差低于 6 m 或高于 10 m	1~5
	水体	坡度	坡度低于 15°	6~10
			坡度高于 15°	1~5
		水质	水质较好	6~10
			水质较差	1~5
		驳岸形式	软质驳岸	6~10
			硬质驳岸	1~5
	植被	郁闭度	郁闭度在 0.2~1	6~10
			郁闭度低于 0.2	1~5
		乡土植物	乡土植物总量占比高于 60%	6~10
			乡土植物总量占比低于 60%	1~5
生产性景观	农作物种植	种植形式	室外种植	6~10
			温室种植	1~5
		种植面积	大于 1 hm^2	6~10
			小于 1 hm^2	1~5
	构筑物	色彩	色彩淡雅,与自然风貌协调	6~10
			色彩艳丽,与自然风貌冲突	1~5
		规模	规模适中,高度、体量等与周边植被、构筑物相协调	6~10
			规模过小或过大,与周边植被、构筑物不相协调	1~5

（续表）

评价因子			分类	分值
聚落性景观	空间布局		与村庄地形结合紧密	6～10
			与村庄地形走势不相契合	1～5
	道路	走向	与地形结合紧密	6～10
			与村庄地形走势不相契合	1～5
		绿化	保留乡土植被，绿化率大于50%	6～10
			植被稀少，绿化率小于50%	1～5
	建筑	布局	建筑布局尊重村庄地形	6～10
			建筑建设严重破坏村庄地形	1～5
		绿化	宅旁和庭院内绿化种类丰富	6～10
			宅旁和庭院内绿化种类稀少	1～5
	场地	布局	场地与地形地势结合紧密	6～10
			场地建设破坏地形	1～5
			滨水场地建设保护水体生态，充分利用水体景观	6～10
			滨水场地建设破坏水体生态性	1～5
		绿化	场地绿化充分利用乡土植被，种类丰富	6～10
			场地绿化乡土植被种类缺乏，植被数量缺少	1～5
文化性景观	物质文化遗存		物质文化遗存丰富	6～10
			物质文化遗存缺乏	1～5
	非物质文化遗存		有列入本地区非物质文化遗存名录的非物质文化遗存	6～10
			未列入本地区非物质文化遗存名录的非物质文化遗存	1～5

3.2.5 自然景观特色的观光休闲型乡村的景观规划原则

（1）保护现有自然景观资源

在村庄特色发展的过程中，必须对村庄现有良好的自然景观资源进行保护，严禁出现破坏村庄地形地貌、水系环境和植被的建设行为。

（2）提升整体自然景观特色

在保护村庄现有自然景观资源的基础上，对村庄内遭到破坏的水体、植被和地形进行修复。通过清除杂物和建设污水管网提升村庄内水体质量；修复生态驳岸，增加驳岸的透水性；增加乡土植被总量，提高村庄植被郁闭度；对破坏的山体采用生态技术进行修复。同时，结合村庄特色景观空间的打造，利用乡土植物、水体和自然地形，突出特色景观空间的自然性。

（3）营造大地景观

村庄景观建设应与产业发展形成呼应，充分利用村庄内的自然性景观要素与生产性景观要素。将村庄外的林地建设、水体景观打造与村庄外围农作物种植相结合，形成水、田、林、房相结合的乡村大地景观。

总之，自然景观特色的观光休闲型村庄在建设发展过程中，景观营造应在充分尊重现有景观资源的基础之上，因地制宜，与产业发展良性互动，进行特色景观的打造，突出村庄的生态景观特色。

3.3 绿化景观营造技术研究

绿化景观在很大程度上反映出一个村庄的自然风貌特点，

也是乡村人居环境建设的标志之一。乡村绿化景观体系的整治要将恢复和改造现有绿地与新建绿地相结合,要将村庄外围的林地、农田林网、道路防护绿带融合沟通,利用廊道和斑块结合的方式,构建立体化、多元化、开放式的绿化景观系统,将乡村外围的自然田园风光引入村庄。目前主要的重点建设内容包括村旁绿化、宅旁绿化、滨水绿化、道路绿化、村庄公共空间绿化及居民庭院绿化等。

3.3.1 乡村绿化建设选用的植物绿化结构调查

(1) 生境类型划分

为确保乡村绿化建设中选用植被的科学合理,根据长三角地区乡村的特征,本着"典型、方便、可行、全面"的原则将乡土植物的生境类型划分为道路、水体、庭院、公共空间 4 种类型,调查其乡土绿化建设中的主要绿化植物构成(如表 3-3)。

表 3-3 乡村自然植被生境类型划分

生境类型	类型说明
道路	此处的道路生境指主要人工道路两侧的自然生境,为半自然生境
水体	主要针对水体边缘的陆地生境类型进行分析,对水体本身仅考虑水质一项影响因子。根据水体规模与形态的不同,将水体生境类型细分为河流、湖泊、海洋等三小类
庭院	庭院主要指以院墙为分隔的房前、屋后、宅旁等农户外环境植物景观。庭院生境类型主要为人工的生境类型,受到人类影响为主导,主要种植经济作物和观赏植物两类
公共空间	公共空间作为乡村中人工化程度较高的区域,对于乡村公共服务功能和观赏性十分重要。乡村中的公共空间生境主要分为人工生境和半自然生境

(2) 样本调查方法与案例

步骤一:调查植物科、属、种的组成

以江宁区为例,经初步调查,样本中农村绿化植物调查中所出现的植物共有72科142属183种(含野生种以及庭院盆栽植物)。其中裸子植物7科8属13种,被子植物有65科134属170种。在被子植物中,单子叶植物有8科18属21种,双子叶植物有57科116属149种(如图3-2)。

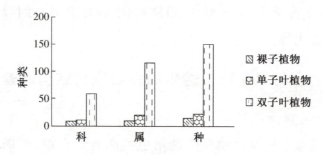

图3-2 调查村庄绿化植物科、属、种的组成

对样本的绿化植物科属进行统计,绿化植物优势科有蔷薇科10属、菊科8属、禾本科6属、百合科5属、蝶形花科5属、桑科4属。百合科的植物不再是庭院观赏,而是种植在公共绿地中,如萱草属、玉簪属、沿阶草属、丝兰属植物。庭院中盆栽高端的观赏植物,如罗汉松属罗汉松、红豆杉属红豆杉、海芋属海芋,说明村民在生活富裕后,重视庭院绿化,更注重品位。菊科植物绝大部分也为观赏性草木,金鸡菊属、大丽花属、大吴风草属植物多应用于绿地观赏。

步骤二:统计分析不同空间绿化植物

江宁区距离南京主城区较近,经济发展较快,故所调查村庄的绿化技术及效果较好,道路绿地和河道绿地多种植胸径12 cm左右的壮年苗木。对所调查村庄不同空间内的植物科、属、种的统计,得出公共空间的乔灌草植物种类明显多于其他样地,乔木26种、灌木28种、草本35种。庭院空间中的植物种类次之,乔木16种、灌木19种、草本20种。道路和滨水空间中乔木分别为13种和10种。每种生境类型中,常绿植物种类少于落叶植物种类数量(如图3-3)。

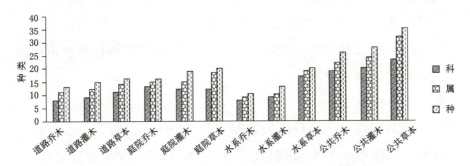

图3-3 调查村庄不同空间绿化植物科、属、种的组成

3.3.2 乡土植物现状应用情况

乡土植物作为生态绿化的一个重要方面,被绿化工作者所提倡。在绿化中选择乡土植物骨干树种,配植以适应当地土壤和气候条件的伴生树种、灌木和地被,可以形成稳定的生态环境和良好的景观效果。

从所调查村庄的植物种类来看,乡土绿化植物现阶段在村庄绿化中尚未得到广泛运用。目前只有石楠、女贞、银杏、枫杨、构树,以及琵琶、桃、柿等乡土果树运用于村庄绿化建设中,总量较少,占40%左右,常绿植物的运用也偏少。乡土树种的种植主要集中在民居宅前屋后或庭院内部,主要以桃树和琵琶树为主,但村庄建成区外围的丘陵地区,有青冈、南京椴、铜钱树、八角枫、秤锤树等处于野生状态或驯化程度不高的乡土植物,由于苗木生产量小,树种来源困难,尚未运用于乡村绿化景观建设中。

3.3.3 各类空间绿化景观营造技术要点

保留村庄各类空间内长势较好的现有树种,对林地植物进行保护。在原有植物风貌的基础上,以果树及农作物种植为主,增补乡土树种,丰富四季景观与种植层次。针对不同的空间形式,如道路、公共空间、庭院、滨水空间等选择适宜树种及栽植模式营造村庄绿化景观。

(1) 公共活动空间绿化

公共活动空间是村庄内部最具活力的绿化景观节点,是对外展示村庄形象的重要窗口。其绿化搭配应注重季相的变化,打造四季景观。同时,树种的选择应符合村民的实际使用需求和村庄的乡土风情,避免过于城市化的绿化形式,也不应选择带刺、有毒等具有安全隐患的植物。

活动场地:根据活动人群的行为活动特征,以乔木和花灌木为主。乔木主要起到围合空间的作用,花灌木主要用于界定场地。上层应以落叶乔木为主,底层可种植灌木,用以区分场地空间,应多采用常绿类植物。

村口空间:村口对外展示村庄形象,绿化景观层次应丰富多样,整体绿化配置形式可参照公共空间的绿化形式。

(2) 庭院绿化

庭院绿化的范围主要是房前、屋后、院内,不同面积、不同家庭条件、不同的庭院用途其绿化模式也不相同。庭院绿化的主要植物种类为果树,同时通过与硬质景观的结合形成葡萄架、有机果菜园等农村特色庭院空间。

(3) 道路绿化

根据道路宽度、周边空间形式的不同,有针对性地进行绿化种植,强化村庄的线性空间。同时,可适度丰富其绿化层次和绿化树种,特别要注重乡土花卉和瓜果蔬菜的种植,营造多样的道路绿化景观。

车行道路:车行道路两侧以乔木为骨干树种,搭配种植灌木和乡土花卉。

人行道路:人行道路绿化以乡土花卉、瓜果蔬菜为主。对于狭窄的巷道空间,可进行立体绿化。

(4) 滨水绿化

水体岸线种植耐水湿的植物,打造丰富多变的水旁景观。水体驳岸以自然式驳岸为主,沿岸种植水生植物,同时柔化已建成的硬质驳岸。

(5) 村旁绿化

结合村庄外部条件进行村旁绿化打造。综合考虑村庄外围地形和现有植被等因素,利用现有的农田和苗圃,结合村庄产业发展,通过大面积密植的方式营造大地景观。绿化植物品种的选择应与农业产业发展的类型相结合。

3.4 特色景观节点营造技术要点

充分考虑长三角地区乡村的自然条件、空间形态、地形地貌等方面的资源条件,因村施策,利用中国古典园林的造景手法,打造空间序列多样的特色景观节点。在特色景观节点营造过程中遵循以下原则:

保持与自然的和谐关系:充分尊重和利用村庄原有的水系资源、植被资源和人文资源,塑造村庄特色景观景点,营造良好的空间环境。

保留村庄的乡愁印记:在特色景观节点的营造过程中,将具有公共历史记忆的元素融入场地建设中,传承地域文化,保留并传承传统的记忆和生活方式。

强化人性化的空间尺度：根据特色景观节点的不同功能特征和使用人群，处理好特色景观节点与人的行为心理的关系，保持人性化的空间尺度，创造更加舒适宜居的生活空间。

注重经济节约可持续：在景观节点的营造过程中，提倡使用废弃的乡土材料，运用乡土的建造工艺建设场地、设施、道路等。

3.5 建筑景观营造技术要点

建筑景观体现乡土自然，兼顾传统文化、乡风民俗，尊重和彰显地域建筑风貌特色，并充分考虑经济承受能力，简洁适用，便于实施。对影响村容村貌的建筑采取适宜的整治方式和合适的色彩（以淡雅颜色为主，兼顾色彩搭配），使整治后的村庄建筑风貌总体整洁有序、协调美观。因此，村庄建筑整治遵循以下原则：

对村内传统民居的特色进行保留延续：对于村内老宅，具有一定历史意义，因此改造时不予大修大补，仅对局部破损的砖块以及屋面进行修补，整体保留原样不变。

对村庄建筑的肌理进行梳理与保护：遵从村庄的自然生长规律，以不破坏村庄建筑肌理为原则，新建建筑应顺应村庄的建筑肌理。

对村庄建筑进行分区整治：村庄主要道路沿线、景观界面和特色空间周边等重要区域的建筑应进行重点景观提升。

对村庄建筑进行分类整治：根据现状建筑的特征以及村庄功能布局，引导民居进行分类整治。

对传统乡土建筑元素进行研究：包括建筑布局与色彩、屋顶形式、墙体材料和工艺、门窗形式、装饰等，对其进行符号化提炼和创新,为建筑文化传承奠定基础。

对一般建筑景观营造应采用清洁和修补的方式;对重点建筑景观营造应根据建筑功能,重点传承传统建筑文化。

3.6 结论

通过上述研究,自然生态村庄的绿化景观应充分运用乡土适生植被,根据村庄各类空间,因地制宜地利用植物造景,形成可游、可观的村庄亮点,且植被的选择注重季相的变化,营造多样的绿化景观。特色景观节点在综合考虑到达的便捷性的基础上,应尽可能地选用村内闲置的空地;特色空间的营造应尽量结合村庄特色文化的展示,彰显人文内涵。建筑景观营造,应在符合地域整体建筑风貌的前提下,根据村庄产业发展要求和景观提升要求,分区分类进行建筑景观营造,并传承传统建筑文化。

第四章 美丽乡村污水生态处理技术集成研究

4.1 乡村污水处理技术发展现状

国外对乡村生活污水处理技术的开发主要集中在欧、美、日等发达国家，所开发的技术主要有活性污泥、生物膜等生物处理技术以及人工湿地等生态处理技术。如日本开发使用的"净化槽"技术采用曝气生物接触氧化技术，对有机物及氮的处理效果较好，但处理工艺复杂、建设与运行成本高、除磷效率低。因此，该类技术不适合在我国乡村地区推广应用。欧美等国家农村地区有采用土地处理等生态处理技术的实例，但往往需要利用大面积的自然洼地或占用大量的土地，难以在我国农村较大范围内推广应用。

国内对乡村生活污水处理技术的研究始于"九五"期间，清华大学等单位在滇池流域污染治理项目中选用人工复合生态床、地下土壤渗滤、缺氧/好氧生物滤池等作为乡村生活污水处理的技术手段，前两项属于单纯的生态技术，最后一项属于单纯的生物技术。这些技术均具有各自的优点，但存在不能同时除磷脱氮、土地需要量大等缺点。"十五""十一五""十二五"期间，结合太湖 863 项目和多个区域和流域的水专项项目的开展,对于分散的生活污水采取跌水曝气接触氧化池＋人工湿地、厌氧池＋人工湿地、蚯蚓滤池或滴滤池＋人工湿地、ABR 反应池＋人工湿地等多种组合工艺技术进行处理。这些工艺技术多为生物生态方法组合,在稳定运行时可以取得较好的处理效果,但受进水水质水量波动和季节气候条件影响较大,维护管理困难。

生物生态组合技术是生物和生态处理工艺的结合,前段生物处理通过微生物去除有机物和部分营养物质,后续生态处理通过滤料基质—植物—微生物复合生态系统进一步脱氮除磷,充分发挥各自优势,提高出水水质和系统运行的稳定性。相较于生物技术和生态技术,生物＋生态组合技术需综合考虑乡村地区的经济条件、用地条件等因素。目前广泛应用于乡村生活污水的生物生态组合技术主要包括生物＋人工湿地组合技术、生物＋其他生态组合技术,其中人工湿地是应用最普遍的一种后续生态处理技术。

全国目前有 17 000 多个建制镇,村落和聚集区的数量达到百万以上,随着城镇化进程的加快,村镇集中居住区会更加普遍。根据《江苏省村庄生活污水治理工作推进方案》(苏政办发〔2016〕18 号),到 2020 年,实现撤并乡镇集镇区所在地村庄、国家及省重点流域一级保护区与饮用水水源地一级保护区内规划发展村庄生活污水治理全覆盖,苏南地区规划发展村庄、苏中地区行政村村部所在地村庄、苏北地区规模较大的规划发展村庄生活污水治理覆盖率达到 90% 以上。在长三角和其他南方地区的城郊地区,随着村镇生态建设水平的提高,城市居民利用节假日到乡村旅游休闲的需求较旺,美丽乡村在污水处理技术和水平方面产生了新的更高要求。乡村污水处理不仅需要高效实用的技术,更需要能针对美丽乡村建设要求实现资源化回用,并取得一定的景观效应。

4.2 美丽乡村建设污水处理研究思路与方法

4.2.1 研究思路

结合观光休闲型乡村规划目标和建设需求,污水收集处理系统能满足村落住户污水排放的要求,兼顾周边农业观光园、休闲观光人群污水及农家乐废水收集处理需求,能确定适宜的污水处理量。结合观光休闲型乡村景观建设及环境保护要求,选用与乡村景观相适应的污水生态处理技术,对适宜的生态处理技术进行试验研究基础上进行示范工程建设应用。在治理污染的同时,与周边农业农村乡土景观特色融合,产生一定的景观生态效应。

4.2.2 研究方法

通过现场调查和查勘,在确定污水收集管网设施方案基础上,尽量利用自然地形设计布置污水处理设施。污水处理设施建设方案要兼顾环境保护和景观效应,充分保护和利用现有周边乡土特色。

对于拟采用的污水生态处理技术进行试验研究,确定适应农村污水处理特点的适宜组合技术、参数及运行方式。

在设计、建设污水生态处理设施基础上,通过现场运行,结合实际水质水量特征调整运行参数,优化污水处理设施及周边的生态景观建设方案,实现环保、生态、景观、节能的有机统一。

4.3 观光休闲型乡村污水处理需求研究

4.3.1 污水特点分析

胜家桥村污水主要为附近农村居民生活污水和部分农家乐污水,污水的可生化性较好,但其中含有部分难以生化降解的洗涤剂、表面活性剂等高分子有机物,同时还含有剩饭菜以及动植物油脂等。因此,该污水特点归纳如下:

① 昼夜水质、水量波动较大;
② 污水中悬浮物含量较高;
③ 污水中动植物油脂含量较高;
④ 含有洗涤剂等表面活性剂;
⑤ 氨氮浓度较高。

4.3.2 工艺方案选择

农村生活污水处理工艺技术路线应充分考虑农村地区经济生活特点和技术水平,并结合当地气候条件和环境状况进行选择。

农村生活污水与城市污水有着根本性的区别:在农村,生活污水主要来源于清洗、沐浴等污水,有机污染物浓度较低,较城市污水更易于净化处理;不过,农村管网收集系统不太完善,而且居民点比较分散,居民的素质和受教育程度也比较低,因此选择处理技术应该因地制宜,尽量选用设备简单、易于管理且低能源消耗、低成本和低维护费用的处理技术与方法。

根据本项目特点和建设方的要求,本设计方案整体上采用生物与生态处理组合工艺,在有效降低有机污染的同时实现一定的脱氮除磷效果,并针对当地特点开发适合当地特点的适用技术。

根据《江苏省村庄生活污水治理适宜技术及建设指南》(2016)及多年来同类工程建设的经验,基于自然净化原理为主体,选用生物过滤与人工湿地相结合的技术处理该工程生活污水。

生物过滤与人工湿地相结合的技术用于农村生活污水处理,具有以下优点:

① 生物过滤所需要的设备简单,能源消耗低,成本和维护费用低,而处理污水的效率高,符合农村生活污水处理的管理、运行的技术要求。

② 人工湿地处理系统利用介质截留、吸附以及植物吸收、微生物作用可继续完成对有机污染物和氮、磷的去除。

生物过滤与人工湿地相结合的技术是一种新型农村生活污水处理技术,投资低、能耗和运行成本低、管理简单,同时考虑了资源化处理的方向,比较适合于农村地区的实际情况,有利于在农村推广。

4.4 观光休闲型乡村污水生态处理技术研究

4.4.1 生物过滤技术研究

1) 生物过滤装置的构建

生物过滤装置的系统结构如图4-1所示。生物过滤装置的主体结构由内径30 cm、高50 cm的有机玻璃制成,流向为上向流,装置由下至上填充200 mm砾石、100 mm砂子、250 mm砾石作为填料层。砾石、砂子和污泥都为微生物在系统内部的附

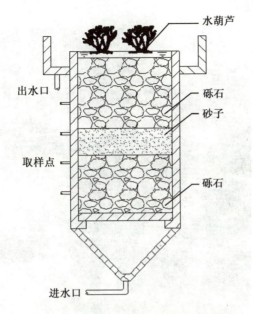

图 4-1　生物过滤实验流程图(装置 A)

着和生长提供了一定位置[36]。如图 4-1 所示,将水葫芦种植在第一组装置的顶部(装置 A),水葫芦是具有美化环境、净化水质功能的植物,有很强的环境适应性和一定的耐寒能力。水葫芦,也称凤眼莲,是典型的水生维管束植物,因繁殖速度快、去污能力强,所以被认为是一种高效、廉价的污水净化植物,在去除污染、改善和提高水质等方面意义重大,为改善环境和修复生态环境起到重要的作用[37]。另一组装置(装置 B)除未在装置顶部种植水葫芦外,与第一组装置的配置完全相同,用以研究系统对农村污水的直接生物过滤效果(见图 4-2)。

2) 污泥驯化接种及系统启动

实验室微生物菌种取自南京市江宁开发区污水处理厂氧化沟内的混合液活性污泥。将活性污泥取回后,静置十分钟,弃去上清液,重复上述步骤 2~3 次即可。将活性污泥置于厌氧条件下培养驯化 10 天,定期投加微生物生长所需要的营养液,保证

图 4-2 生物过滤实验装置图(装置 B)

微生物正常的新陈代谢活动。在驯化结束后,将污泥和葡萄糖培养液按照 1∶2 的比例混合作为装置的接种底物。在启动阶段,将人工配水通过潜水泵从装置底部连续泵入两组装置,从而加快装置内微生物富集和生物膜形成的速度[38]。

3) 进水水质及水质测试指标

通过人工配水模拟农村污水水质,进水的 COD 控制在 80～145 mg/L、氨氮 7～14 mg/L、总氮 14～24 mg/L。考察测试的水质指标包括 COD、氨氮、总氮、硝酸盐氮、亚硝酸盐氮,指标测试方法参考《水和废水监测分析方法(第四版)》。

4) 水质净化效果分析

(1) 不同水力负荷下生物过滤装置对污染物净化效果分析

分别在 $q_1=0.50 \text{ m}^3/(\text{m}^2 \cdot \text{d})$、$q_2=0.25 \text{ m}^3/(\text{m}^2 \cdot \text{d})$ 的水

力负荷下进行两组装置的实验,结果见图 4-3,当水力负荷为 q_2＝0.25 m³/(m²·d)时,两组生物过滤装置对各项指标的去除率均较高,对 COD 去除率达到 68.55%～80.03%,对总氮的去除率可达到 66.86%～83.44%,对氨氮的去除率可达到 55.36%～76.65%,对硝酸盐氮的去除率在 76.18%～95.17%,因此 0.25 m³/(m²·d)为系统的最佳水力负荷,同时装置 A 在水力负荷为 0.25 m³/(m²·d)时对污染物的去除效果最好。

① 有机物去除效果分析

生物过滤装置对有机物的去除效果见图 4-3。由图可见,当进水 COD 浓度在 82.13～145 mg/L 时,四组实验中,种植有水葫芦的装置 A 在水力负荷为 0.25 m³/(m²·d)时去除效果最好(即 A,q_2),该组装置对有机物的去除率为 72.55%～80.03%,出水 COD 在 16.4～39.8 mg/L;而另外三组实验(A,q_1)、(B,q_1)、(B,q_2)对有机物的去除率在 51.94%～75.88%,对有机物的平均去除率由高到低依次为(A,q_2)＞(B,q_2)＞(A,q_1)＞(B,q_1)。可见水力负荷对有机物去除的影响较大。

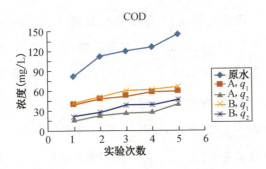

图 4-3　不同水力负荷下生物过滤装置有机物进出水浓度

当水力负荷为 0.25 m³/(m²·d)时,污水在系统中停留时间较长,与微生物充分接触,在污水流经滤层的同时,装置 A 中水葫芦根系的输氧能力将更多的氧转移到水中,向生物膜上的微生物提供充足的溶解氧和丰富的有机物,在微生物的新陈代谢作用下,有机污染物被降解;同时,在植物的吸收、同化、根系环境基质的吸附、过滤和沉淀等共同作用下,水体中的有机物也能够得到部分去除;此外,原污水中的悬浮物及由于生物膜脱落形成的生物污泥被填料所截留。当水力负荷增加时,滤料层间的过流速度和水力剪切力增大,使生物膜容易被洗脱,导致污染物的去除效率下降(见图 4-4)。

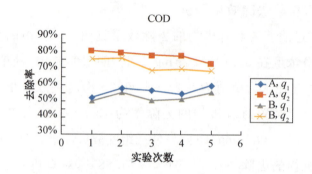

图 4-4 不同水力负荷下生物过滤装置有机物去除率

② 氨氮去除效果分析

生物过滤装置对氨氮的去除效果见图 4-5。由图可见,当进水氨氮浓度在 7.21～13.35 mg/L 时,四组实验中,种植有水葫芦的装置 A 在水力负荷为 0.25 m³/(m²·d)时去除效果最好(即 A,q_2)。该组装置对氨氮的去除率为 72.49%～76.65%,出水氨氮在 1.68～3.25 mg/L;而另外三组实验装置(A,q_1)、(B,q_1)、(B,q_2)对氨氮的去除率在 52.51%～71.01%,对氨氮的平均去除率由高到低依次为(A,q_2)>(A,q_1)>(B,q_2)>(B,q_1),水葫芦种植与否比水力负荷对装置氨氮去除的影响大。

水力负荷增加会对附着在填料上的硝化细菌产生影响,易造成部分硝化细菌的流失。同时,硝化细菌的世代周期较长,生物膜的迅速更新不利于硝化细菌的增殖,造成出水氨氮浓度升高。

在不同的水力负荷下,种植有水葫芦的装置 A 对氨氮的去除率都明显高于未种植水葫芦的装置 B,两组装置底部基本属于缺氧的状态,只有表面或上层基质接触到氧气,不利于硝化菌对氨氮的降解作用,对氨氮的去除率并不理想。装置 A 对氨氮去除的效果较好,说明水葫芦能有效输送并释放氧气,使得根系周围基质中的 NH_4^+-N 在硝化菌的作用下被进一步转化为 NO_3^--N 和 NO_2^--N,同时植物本身生长需要吸收一部分氨氮,这都有助于提高装置对氨氮的处理能力(见图 4-5、图 4-6)。

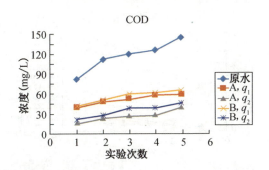

图 4-5　不同水力负荷下生物过滤装置氨氮进出水浓度

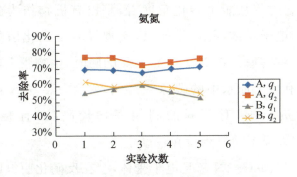

图 4-6　不同水力负荷下生物过滤装置氨氮去除率

③ 硝酸盐氮去除效果分析

生物过滤装置对硝酸盐氮的去除效果见图4-7。由图可见，当进水硝酸盐氮浓度在5.73～9.69 mg/L时，四组实验中，种植有水葫芦的装置A在水力负荷为0.25 m³/(m²·d)时去除效果最好(即A，q_2)，该组装置对硝酸盐氮的去除率为89.89%～94.90%，出水硝酸盐氮在0.29～0.98 mg/L；而另外三组实验装置(A，q_1)、(B，q_1)、(B，q_2)对硝酸盐氮的去除率在75.45%～93.42%，对硝酸盐氮的平均去除率由高到低依次为(A，q_2)>(A，q_1)>(B，q_2)>(B，q_1)。四组实验对硝酸盐氮的去除率均维持在较高水平。

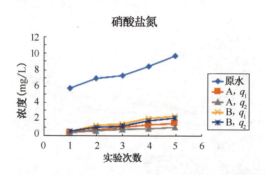

图4-7 不同水力负荷下生物过滤装置硝酸盐氮进出水浓度

反硝化过程从能量转化角度看，是以有机物作为微生物生长的碳源、电子供体，并提供能量，实现异养反硝化菌的同化和异化作用，生物滤池在$NO_3^- -N$去除的同时，生物膜上的异养微生物充分利用了原水中的碳源[39]。本实验中装置A在采用的两种水力负荷下，对碳源的利用率均较高，而且装置A对$NO_3^- -N$的去除率始终维持在较高水平。

$NO_3^- -N$、$NO_2^- -N$都是电子受体，会在反硝化脱氮的过程中产生竞争关系，同时，$NO_2^- -N$又是$NO_3^- -N$还原第一步的产物，所以水中$NO_2^- -N$浓度也是反硝化脱氮的影响因素之一。随着实验次数的增加,在进水不配 $NO_2^- -N$ 的条件下,出水中检测出了少量 $NO_2^- -N$ 的积累,浓度在 0.05~0.33 mg/L,几组实验对 $NO_3^- -N$ 的去除率都略有下降,但下降幅度并不明显(见图 4-8)。

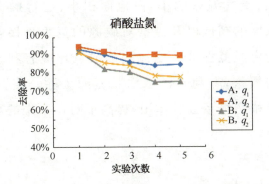

图 4-8 不同水力负荷下生物过滤装置硝酸盐氮去除率

④ 总氮去除效果分析

生物过滤装置对有机物的去除效果见图 4-9。由图可见,当进水总氮在 13.113~23.92 mg/L 时,四组实验中,种植有水葫芦的装置 A 在水力负荷为 0.25 m³/(m²·d)时去除效果最好(即 A, q_2),该组装置对总氮的去除率为 78.96%~83.44%,出水总氮在 2.44~4.86 mg/L;而另外三组实验(A,

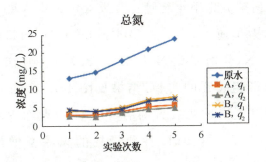

图 4-9 不同水力负荷下生物过滤装置总氮进出水浓度

q_1)、(B,q_1)、(B,q_2)对总氮的去除率在66.16%～79.78%，对总氮的平均去除率由高到低依次为(A,q_2)＞(A,q_1)＞(B,q_2)＞(B,q_1)。

生物过滤装置具有微生物浓度高、菌群结构合理、抗冲击负荷能力强、受气温影响小、占地面积小、运行操作简单等优点。碳源浓度的高低以及氮素对碳源的竞争直接影响生物过滤装置的稳定脱氮性能。滤池底部缺氧环境有利于反硝化细菌的生长与繁殖，有利于污水中总氮的去除。装置A利用微生物降解及植物根系吸收作用，提高了对污水中的总氮去除率（见图4-10）。

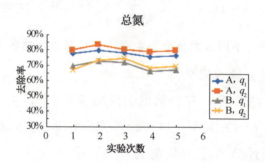

图4-10　不同水力负荷下生物过滤装置总氮去除率

（2）不同碳氮比下生物过滤装置对污染物净化效果分析

调节水力负荷为$q_2=0.25$ m³/(m²·d)，通过改变进水水质来控制C/N，分别在C/N为2.81、3.74、5.01、6.08、7.41的条件下进行两组装置的实验，结果见图4-11。当C/N增加至5.01时，两组生物过滤装置对各项指标的去除率均有较大提高，但当C/N继续增加时，各项指标的去除率增加得并不明显。由图可见相比于装置B，装置A对各项污染物指标的去除效果都更好。

农村污水中有机物含量较少,且大多为难降解性有机物,可生化性较差。而反硝化细菌为异养菌,需要有机物作为碳源进行反硝化脱氮,同时有机物的降解需要消耗水中的溶解氧,为反硝化细菌创造缺氧条件。若外加碳源投加量不足,则反硝化细菌活性降低,使得反硝化不完全,同时导致亚硝酸盐氮积累;若碳源投加过量,微生物不能充分利用,会使得出水 COD 超标,同时会造成二次污染(见图 4-11~图 4-14)。

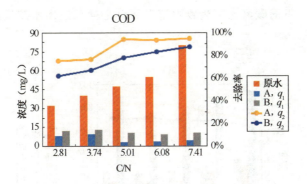

图 4-11　不同碳氮比下生物过滤装置 COD 进出水浓度及去除率

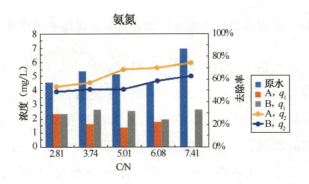

图 4-12　不同碳氮比下生物过滤装置氨氮进出水浓度及去除率

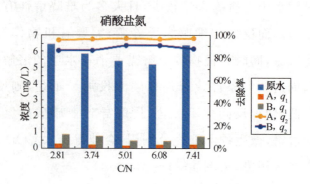

图4-13 不同碳氮比下生物过滤装置硝酸盐氮进出水浓度及去除率

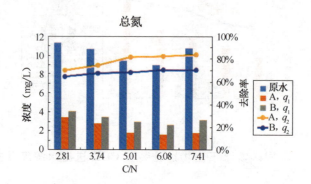

图4-14 不同碳氮比下生物过滤装置总氮进出水浓度及去除率

农村污水的C/N值较低,有机碳源的不足严重影响了污水的脱氮效果,提高污水中的C/N值,可显著提高生物滤池污水中硝酸盐氮的反硝化速率,降低滤池出水中总氮浓度,实现了通过适当提高碳氮比达到生物过滤装置深度脱氮的目的。

本研究中,当C/N≥5.01时,有机物充足,微生物活性较高,反硝化进行得彻底,装置A对COD的去除率可达到93%以上,对TN的去除率达到80%以上,对氨氮的去除率达到68%以上,对NO_3^--N的去除率达到95%以上,出水NO_3^--N的质量浓度小于 0.24 mg/L,几乎没有 NO_2^--N;当 C/N 继续增加至 7.41 时,装置对污染物的去除效果没有太大提升;当 C/N 减小到 3.74 时,有机物相对不足,两组装置开始发生不完全反硝化,装置 A 对 TN 的去除率下降到 74% 以下,装置 B 对 TN 的去除率低于 67%,对 NO_3^--N 的去除率低于 86%,同时出现 NO_2^--N 的积累现象,NO_2^--N 的质量浓度最大达到 0.33 mg/L,当碳量越少时,NO_2^--N 的积累现象越严重。

4.4.2 人工湿地处理技术研究

1) 人工湿地试验装置设计

本试验水平潜流人工湿地系统,板材均由 PVC 制作,一共有三组人工湿地系统,分别装有不同的填料。每组分为四个单元,中间以 PVC 板隔开。PVC 隔板上分布孔径为 10 mm 小孔。水箱单独设置在池子旁,通过橡胶管分别进水到三组系统。装置底部设反冲洗管,管径为 20 mm。靠近进水口设置水解酸化池,以增强可生化性。水面上种植水葫芦,大约每小格 6~8 株。装置设计平面图和剖面图见图 4-15、图 4-16。

三组系统里分别装有:

① 700 mm 高的塑料。

② 300 mm 砂石 + 100 mm 粉煤灰陶粒 + 100 mm 沸石 + 200 mm 细沙。

③ 300 mm 砂石 + 200 mm 粉煤灰陶粒 + 200 mm 细沙。

每组系统长 1.1 m、宽 0.25 m、高 0.9 m,水位高为 0.7 m。隔板上每隔 0.2 m 开四个均匀分布的小孔。进水管距地高 0.75 m,出水管距地高 0.05 m(见图 4-17、图 4-18)。

2) 实验装置启动

取桥北污水处理厂厌氧污泥作为最初的培养液,取 5 L 分

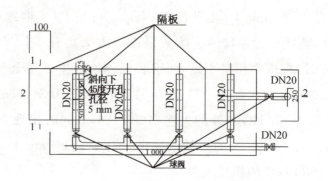

图 4-15 水平潜流人工湿地平面图

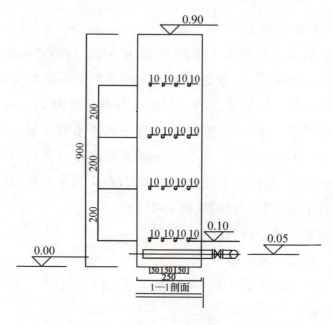

图 4-16 水平潜流人工湿地 1-1 剖面图

别加不同的系统,实验采用 NH_4Cl、$NaNO_3$、KH_2PO_4 及低分子有机碳源作为基质。接种后,用蠕动泵将连续的低分子碳源加入系统,系统正式启动。三组人工湿地系统表面均种植水葫芦,种植密度为 100 株/m^2,启动运行 20 天后进行污染物去除情况分析研究。

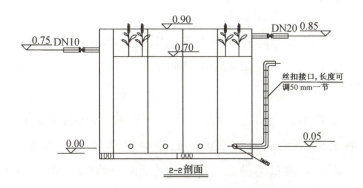

图 4-17 水平潜流人工湿地 2-2 剖面图

图 4-18 水平潜流人工湿地现场装置图

3) 实验进水水质以及水质测试指标

通过人工配水模拟农村污水水质,污水 COD 控制在 50～80 mg/L、氨氮 8～10 mg/L、硝酸盐氮 8～10 mg/L、总氮 16～25 mg/L、总磷 1 mg/L。考察的水质指标包括有机物、氨氮、总氮、硝酸盐氮、总磷,测试方法参考《水和废水监测分析方法(第四版)》。

4) 水质净化效果分析

(1) 不同水力负荷下人工湿地对污染物的去除规律

根据图 4-19 可知,分别在 0.1 $m^3/(m^2 \cdot d)$、0.15 $m^3/(m^2 \cdot d)$、0.25 $m^3/(m^2 \cdot d)$、0.4 $m^3/(m^2 \cdot d)$ 负荷下进行试验,结果可见,当水力负荷为 0.25 $m^3/(m^2 \cdot d)$ 时,三组人工湿地对各项指标的去除率均较高,三组人工湿地对总氮的去除率可达到 55%~70%,对氨氮的去除率可稳定在 65%~75%,对硝氮的去除率在 55%~70%,对总磷的去除率可到 50%~70%,对 COD 的去除率超过 95%。因此 0.25 $m^3/(m^2 \cdot d)$ 为系统的最佳水力负荷。

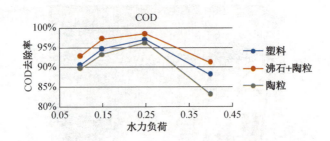

图 4-19 不同水力负荷下三组人工湿地的 COD 去除率变化

① 有机物去除效果分析

塑料填料人工湿地后期随着生物膜的形成,COD 的去除率较好,可达到 90%~95%,出水水质为 3 mg/L 左右;沸石与陶粒组合的人工湿地,COD 的去除率是最高的,基本稳定在 95% 以上,出水水质为 1.5 mg/L;填充陶粒的人工湿地系统,COD 的去除率较好,可达到 90% 左右,出水水质为 4 mg/L。生长于植物根系富氧区的好氧菌通过新陈代谢作用,吸收利用水体中有机物,作为自身繁殖的碳源补充,去除水体中的有机污染物;此外,在植物的吸收、同化,根系环境基质的吸附、过滤和沉淀等共同作用下,水体中的有机物也得到部分去除(见图 4-20)。

② 氨氮去除效果分析

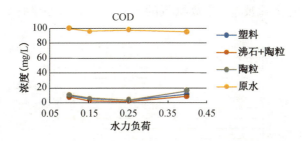

图 4-20　不同水力负荷下三组人工湿地的 COD 出水水质变化

在水力负荷为 0.25 m³/(m²·d) 下,三组人工湿地对氨氮的去除效果见图 4-21。塑料填料人工湿地后期随着生物膜的形成,氨氮去除率较好,出水浓度可稳定在 2.3 mg/L 左右;沸石与陶粒组合的人工湿地氨氮去除率效果明显,虽然由于沸石的吸附饱和而使系统去除率较之前有所下降,但出水浓度可以到 1.8 mg/L;填充陶粒的人工湿地系统氨氮的出水浓度为 3 mg/L 左右,去除效果较差。

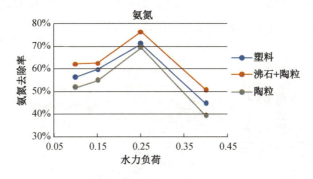

图 4-21　不同水力负荷下三组人工湿地的氨氮去除率变化

水力负荷偏大或偏小均会对污染物的去除有很大影响。水力负荷过大,污水在系统的停留时间变短,与微生物不能充分接触,微生物作用不能充分发挥,对硝化有较大影响;水力负荷过小,水力停留时间变大,会使系统的溶解氧降低,甚至可能形成滞留区,影响了湿地的硝化反应，导致氨氮的转化率不佳(见图 4-22)。

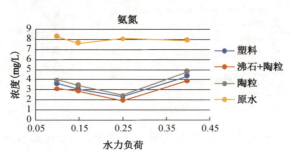

图 4-22 不同水力负荷下三组人工湿地的氨氮出水浓度变化

③ 总氮去除效果分析

在水力负荷为 0.25 m³/(m²·d)下，三组人工湿地对总氮的去除效果见图 4-23。塑料填料人工湿地后期随着生物膜的形成，总氮去除效果最好，出水浓度可达到 5 mg/L 左右；沸石与陶粒组合的人工湿地对总氮的去除较好，出水浓度为 6 mg/L；填充陶粒的人工湿地系统总氮、硝氮的去除率效果相比其他两个装置不佳，总氮出水浓度为 7 mg/L 左右。

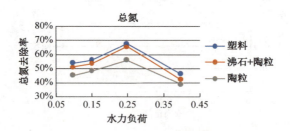

图 4-23 不同水力负荷下三组人工湿地的总氮去除率变化

水力负荷过大，污水在系统的停留时间变短，与微生物不能充分接触，微生物作用不能充分发挥，对反硝化都有较大影响，导致硝氮、总氮去除率变差；进水水力负荷太小，湿地的有机负荷过低，导致植物和微生物没有足够营养，同时反硝化菌需要碳源,碳源不足也抑制了反硝化的进行,造成了硝氮、总氮的去除率下降,最终导致系统去除效果不稳定(见图4-24～图4-26)。

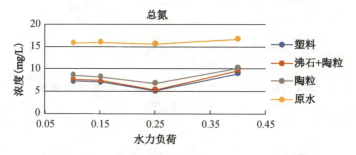

图4-24　不同水力负荷下三组人工湿地的总氮出水浓度变化

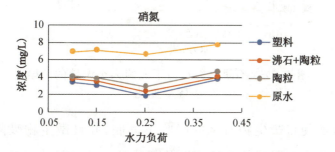

图4-25　不同水力负荷下三组人工湿地的硝氮出水浓度变化

④ 总磷去除效果分析

在水力负荷为0.25 m³/(m²·d)下,三组人工湿地对总磷的去除效果见图4-27。塑料填料人工湿地后期随着生物膜的形成,总磷出水水质为0.2 mg/L;沸石与陶粒组合的人工湿地随着系统的陶粒吸附饱和,对磷的去除效果不佳,出水水质为0.4 mg/L;填充陶粒的人工湿地系统,前期除磷的效果优势明显,但随着陶粒的吸附饱和,除磷效果略微下降,一般可达到0.3 mg/L左右。

水力负荷过大,污水在系统的停留时间变短,与微生物不能

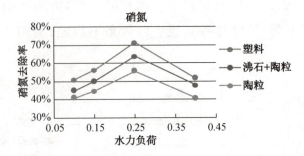

图 4-26 不同水力负荷下三组人工湿地的硝氮
去除率变化

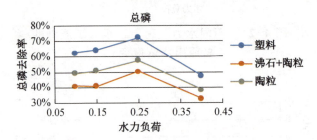

图 4-27 不同水力负荷下三组人工湿地的总磷
去除率变化

充分接触使得微生物对磷的吸收不彻底,并且微生物吸附的部分还未被完全降解的污染物以及部分已经被填料截留的磷可能会随水流出系统,同时也会将生物膜和微生物冲出系统,最终制约了系统的除磷效果;水力负荷过小,水力停留时间变大,会使系统的溶解氧降低,甚至可能形成滞留区,而微生物会在厌氧下进行释磷,也对总磷去除产生影响,会造成人工湿地处理能力不能充分发挥(见图 4-28)。

(2) 不同碳氮比下人工湿地对污染物去除率的变化规律

① 有机物去除效果分析

三组水平潜流人工湿地随着 C/N 的提高,COD 的去除率受 C/N 影响不大,基本稳定在 90% 以上,出水水质稳定在 1～10

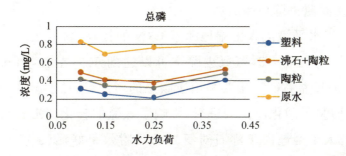

图 4-28　不同水力负荷下三组人工湿地的总磷出水浓度变化

mg/L,符合《地表水环境质量标准》(GB 3838—2002) Ⅳ类水的要求。植物根系富氧区的好氧菌通过新陈代谢作用,吸收利用水体中有机物,作为自身繁殖的碳源补充,去除水体中的有机污染物(见图 4-29、图 4-30)。

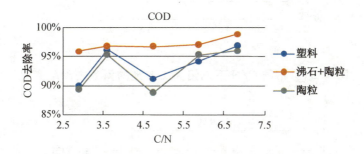

图 4-29　不同 C/N 下三组人工湿地的 COD 去除率变化

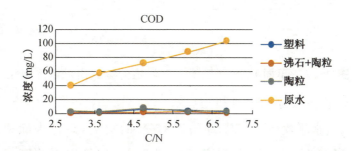

图 4-30　不同 C/N 下三组人工湿地的 COD 出水浓度变化

② 氨氮去除效果分析

三组水平潜流人工湿地随着 C/N 的提高，氨氮去除率则逐步降低，当 C/N＝3，氨氮去除率可以达到 60％左右，出水浓度为 2 mg/L 左右。这主要是由于碳源的增加，消耗了湿地中的溶解氧，抑制了硝化反应的进行，影响了氨氮的转化。沸石与陶粒组合的人工湿地由于沸石对氨氮的吸附效果好，氨氮去除率优势明显，可以稳定在 50％～70％之间，出水水质为 1.5～3.5 mg/L（见图 4-31、图 4-32）。

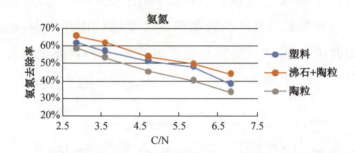

图 4-31　不同 C/N 下三组人工湿地的氨氮去除率变化

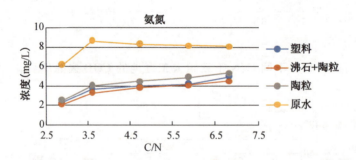

图 4-32　不同 C/N 下三组人工湿地的氨氮出水浓度变化

③ 总氮去除效果分析

三组水平潜流人工湿地随着 C/N 的提高，总氮去除率逐渐升高，当 C/N＝6 时，去除率可达到 55％，总氮出水浓度保持在 7～8 mg/L。这主要是因为随着 C/N 的提高，补充了碳源，促进了微生物的反硝化作用,提高了脱氮效率。当继续提高 C/N,总氮出水浓度可以达到 6～7 mg/L,但是效果并不是很明显。这主要是由于碳源的增加,碳源和氨氮的硝化反应竞争湿地内有限的溶解氧,导致硝化反应进行得不彻底,氨氮不能有效地去除,从而抑制了脱氮的效果。硝氮去除率也随着 C/N 的提高,出水浓度为 2 mg/L 左右,去除率稳定在 60%～70%。因为碳源的增加,使反硝化过程进行得越彻底,从而能有效地提高硝氮去除率。随着塑料填料系统的生物膜逐步形成以及陶粒、沸石的吸附饱和,塑料填料人工湿地总氮、硝氮去除率最好,总氮出水浓度稳定在 7～9 mg/L(见图 4-33～图 4-36)。

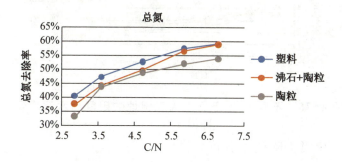

图 4-33 不同 C/N 下三组人工湿地的总氮去除率变化

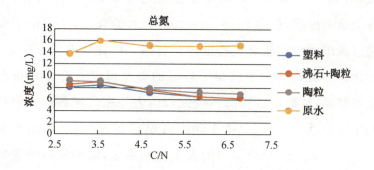

图 4-34 不同 C/N 下三组人工湿地的总氮出水浓度变化

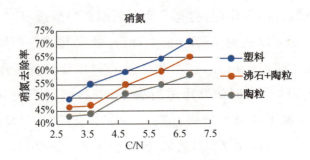

图 4-35 不同 C/N 下三组人工湿地的硝氮去除率变化

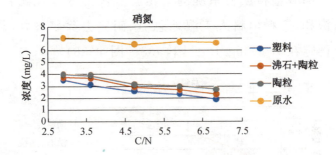

图 4-36 不同 C/N 下三组人工湿地的硝氮出水浓度变化

④ 总磷去除效果分析

三组水平潜流人工湿地总磷则随着 C/N 的提高,去除率逐步变大,当 C/N=7 时,总磷出水浓度可达到 0.2 mg/L,符合《地表水环境质量标准》(GB 3838—2002)Ⅳ类水的要求,主要由于聚磷菌随着碳源的增加能够更好地进行释磷。因此随着碳源的增加,反硝化菌和聚磷菌由于获得了较多的碳源可以更充分地进行反硝化和释磷,从而可以提高系统氮磷的去除率。随着塑料填料系统的生物膜逐步形成,总磷去除率可稳定在 60% 以上,出水水质为 0.2~0.3 mg/L;填充陶粒的人工湿地系统,前期除磷的效果优势明显,但随着陶粒的吸附饱和,除磷效果下降,一般可达到 55%~60%,出水水质为 0.25~0.35 mg/L(见图 4-37、图 4-38)。

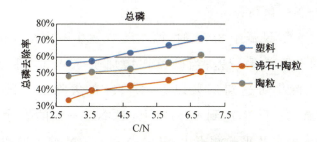

图 4-37 不同 C/N 下三组人工湿地的总磷去除率变化

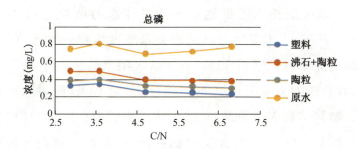

图 4-38 不同 C/N 下三组人工湿地的总磷出水浓度变化

4.4.3 生物过滤及人工湿地技术研究结论

（1）生物过滤装置微生物浓度高、菌群结构合理，在污水流经滤层的同时，装置中种植水葫芦将向生物膜上的微生物提供充足的溶解氧和丰富的有机物，在微生物的新陈代谢作用下，有机污染物被降解；滤池底部缺氧环境有利于反硝化细菌的生长与繁殖，有利于污水中氮的脱除。

（2）当水力负荷为 0.25 $m^3/(m^2 \cdot d)$ 时，污水在系统中停留时间较长，与微生物充分接触，装置 A 通过微生物降解及种植的水葫芦根系吸收、过滤等作用，对 COD 的去除率达到 72.55％～80.03％、对氨氮的去除率达到 72.49％～76.65％、对硝酸盐氮的去除率达到 89.89％～94.90％、对总氮的去除率达到了

78.96%～83.44%。

（3）当 C/N 低于 3.74 时，两组装置发生不完全反硝化，对污染物的去除效果较差；当碳氮比增加至 5.01 时，装置 A 对 COD 的去除率可达到 93% 以上，对 TN 的去除率达到 80% 以上，对氨氮的去除率达到 68% 以上，对 NO_3^--N 的去除率达到 95% 以上，出水几乎检测不出 NO_2^--N；当 C/N 继续增加至 7.41 时，装置对污染物的去除率没有太大变化。

（4）水平潜流人工湿地系统的最佳水力负荷为 0.25 m^3/(m^2·d)，三组人工湿地对总氮的去除率可达到 55%～70%，对氨氮的去除率可稳定在 65%～75%，对硝氮的去除率在 55%～70%，对总磷的去除率可到 50%～70%，对 COD 的去除率超过 95%。塑料填料人工湿地，整体出水浓度符合《地表水环境质量标准》（GB 3838—2002）Ⅳ类水标准，整体系统对氮磷等污染物的去除效果稳定性较优；沸石与陶粒组合的人工湿地整体出水除了总磷略差于《地表水环境质量标准》（GB 3838—2002）Ⅳ类水标准，其他指标基本满足标准；填充陶粒的人工湿地整体系统对氮的去除效果稳定性不好，但在 0.25 m^3/(m^2·d) 时，除了氨氮出水水质略差，总氮、总磷接近《地表水环境质量标准》（GB 3838—2002）Ⅳ类水标准。

（5）三组水平潜流人工湿地随着 C/N 的提高，总氮去除率逐渐升高，当 C/N＝6 时，去除率可达到 55%，总氮出水浓度保持在 7～8 mg/L，继续提高 C/N，总氮出水浓度可以达到 6～7 mg/L，可见效果不是很明显。这主要是因为氨氮的硝化反应由于溶解氧的不足而受到抑制，从而导致总氮的去除效果不明显。硝氮去除率也随着 C/N 的提高，促进了系统的反硝化过程，出水浓度为 2 mg/L 左右，去除率稳定在 60%～70%；氨氮的去除率则随着 C/N 的提高而逐步降低，出水水质在 2～5 mg/L 左右。

这主要因为新加碳源与氨氮的硝化反应竞争溶解氧,抑制了硝化反应的进行,导致氨氮去除率的下降。COD 的去除率受 C/N 影响不大,基本稳定在 90% 以上,出水水质稳定在 10 mg/L 以下;而总磷则随着 C/N 的提高,释磷菌随着碳源的增加能够更好地进行释磷,总磷出水水质可到 0.2 mg/L,去除率逐步变大。因此当 C/N 较高时,系统的脱氮除磷效果较好。

4.5 乡村污水生态处理设施景观改造技术研究

观光休闲型乡村对乡村特色景观风貌的要求较高,污水处理设施在处理水污染的同时还应与乡村整体风貌相融合。污水处理设施本身具有较强的城市化、机械化的外观风貌,因此需要对其进行景观化改造,使其融入乡村农业景观。围绕污水设施的结构构造,将其分为人工湿地、生物滤池、周边场地及构筑物四个部分分别进行景观化改造。

4.5.1 人工湿地

人工湿地是通过水生植物来实现污水处理的主要环节,而水生植物还是营造景观的主要要素,选择吸附有害物质强且景观效果好的植物,是景观化改造的重要措施。人工湿地植物配置宜综合考虑景观效应和净化效应,并在春夏、秋冬实现轮作种植。湿地植物景观效果好的主要有开花的美人蕉、菖蒲、凤眼莲等,以及观叶观形的芦苇、香蒲、水烛、灯芯草等。人工湿地滤池较长,可在不同位置栽植不同的景观植物,丰富人工湿地的景观效果(见图 4-39)。

| 美人蕉 | 黄菖蒲 | 凤眼莲 | 香蒲 |

图 4-39　人工湿地景观

4.5.2　生物滤池

为避免产生臭味对周边的影响，前端生物处理需要进行必要的封盖。生物滤池有地面式和地埋式两种。地面式生物滤池高于地面，景观改造的对象为滤池面层，改造手法有藤本植物美化、墙绘美化、木贴面美化等（见图 4-40），其中藤本植物美化是与乡村景观融合度最好的改造方式。

| 爬山虎覆盖 | 墙绘美化 | 木贴面美化 |

图 4-40　景观改造手法

地埋式生物滤池与地面平齐，其景观改造对象为检查井盖，改造手法有更换景观造型优美的井盖和井盖彩绘（见图 4-41～4-43）。

4.5.3　周边场地

为了将农业生产生活与污水处理设施相隔开，防止村民向人工湿地中倾倒生产生活垃圾，还需要强化污水处理设施的边界，并且达到一定的高度和宽度才能将两者有效地进行阻隔。

边界的处理要兼顾景观效果，较好的处理方式为植物绿篱和乡

图 4-41　地埋式生物滤池检查井盖

图 4-42　更换具有优美纹案的井盖

图 4-43　井盖彩绘

村篱笆。植物绿篱宜用地生植物、灌木、花卉等。由于草花和生产性景观植物(如波斯菊、油菜花等)都为草本,有较强的季节景观特性,不在盛花期的季节多为枯萎凋零状态,因此隔离功能较差。

在绿篱植物的选择上可用开花矮灌木,其优势在于空间视觉上具有一定的通透性,同时根部枝干低矮茂密,在达到一定宽度时能起到阻隔交通的作用,常绿开花灌木能够保证四季有景,景观效果较好,且植物柔和,与田野景观违和感较低(见图4-44)。

红花檵木绿篱　　　　　金丝桃绿篱

图 4-44　绿篱植物

乡村篱笆要达到一定的高度才能起到阻隔作用。为了柔化篱笆的景观效果,还可在篱笆上栽植瓜果蔬菜(如丝瓜、豌豆等),使其更好地融入乡村风貌(见图4-45)。

乡村篱笆　　　　　豌豆花

图 4-45　篱笆上栽植瓜果蔬菜

4.5.4 构筑物

污水处理设施的构筑物内为变电箱以及相关检查设备。为了与周边景观相融合,应尽可能减小该构筑物的体积。在不能改变构筑物体积和基本外形的情况下,可以通过木贴面美化、墙绘、增加攀援植物覆盖等方式进行景观化改造(见图4-46)。

木贴面美化　　　　　　　　墙绘　　　　　　　　攀援植物覆盖

图4-46　构筑物的景观化改造

当各种检查设备以铁皮变电箱的形式建造时,其景观效果较差,景观改造方式为彩绘和增加木贴面(见图4-47)。

图4-47　铁皮变电箱

木贴面施工应用水平钉板条,不能钉在搭接处,只能垂直钉

(见图4-48)。

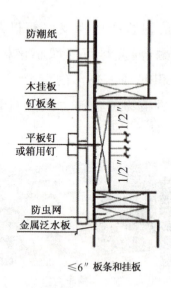

图4-48 木贴面施工做法

4.6 结论

观光休闲型村庄污水量需要综合考虑常住人口和观光游览人数确定适宜的污水排放量,并结合观光休闲型乡村建设需求因地制宜地采取生物与生态组合处理技术。

生物过滤段能有效降低污水中的有机物和氨氮,在适宜的碳氮比下能取得较好的脱氮效果。人工湿地可以进一步削减有机物、氮、磷污染物,综合利用滤料等基质截留、微生物和植物作用实现生物处理尾水的有效提升,出水满足农业利用及水体复用资源化利用要求。

以生物过滤和人工湿地为主体的组合工艺在示范工程应用中表明,整体处理效果较好,出水水质满足地表水四类水标准,而且出水水质与回用的农田灌溉水质相差无几,完全达到农田灌溉需要,实现资源化回用。

观光休闲型乡村对乡村特色景观风貌的要求较高,污水处理设施布置应充分利用地形地势,避免突兀设置,并与周边环境相协调。为避免产生臭味对周边的影响,前端生物处理需要进行必要的封盖。人工湿地植物配置宜综合考虑景观效应和净化效应,并在春夏、秋冬实现轮作种植。处理设施周边宜用地生植物、灌木、花卉等进行围挡。出水排放口周边种植适量景观水生植物,在削减尾水残留污染物的同时,取得一定景观效应。

第五章 美丽乡村绿色农房改造技术集成研究

5.1 乡村绿色农房改造技术发展现状

作为全国经济最为发达的区域,长三角地区的乡村建设始终处于领先的地位,但是,随着社会经济水平的不断发展,现有乡村农房因为建设年代久远,围护结构的隔热、保温等性能已无法满足实际使用需求,水、电、气等能耗也无法满足节约型社会的发展需求,使用舒适度也无法满足现有居民的生活水平,因此传统农房亟须绿色改造,与现有的社会经济发展水平同步;同时传统农房改造应结合实际产业需求和可持续发展要求,探索利用具有针对性和适用性的先进技术,在建设发展中全面保护生态环境、提高人居环境、协调生产生活、传承乡土特色。

现在一般的农村民居建筑大部分为自建房,民居建筑未经过科学的设计,特别是对建筑的保温隔热问题不够重视,大部分民居建筑围护结构的热工性能较差。随着社会经济发展和人民生活水平的快速提高,农村居民为了满足室内热舒适度的要求,开始普遍自行安装采暖空调设备,使能耗急剧上升,能源浪费严重。农村居民虽然大幅增加了用于能源的支出,但居住条件也未得到根本改善。

  过往对于居住建筑的改造主要集中于城市居住建筑,很少有对农村农房进行系统的改造。农村改造主要是旧村改造,旧村改造的主要工作内容包括村域规划编制,居民点改造建设,基础设施改造提升以及产业结构提升等内容;主要通过对农村居民点建设用地低效无序利用的改进提高用地效率,改善村居环境,腾退建设用地,并将腾退出的土地用于村集体经济发展和产业提升。对单体建筑的改造主要是对建筑的结构性能进行改造,如危房改造、增强建筑抗震性能等。在提升室内环境舒适度方面,主要是村民自己通过安装设备来实现,对建筑的围护结构等缺乏系统的改造方法,既不节能,也无法达到理想的舒适效果。

  2013年住房与城乡建设部出台了绿色农房建设导则,为绿色农房的推广提供了方法和技术策略。在技术策略方面,学者们根据农村住房中存在的问题对相应的技术策略做了研究,涉及内容主要有改善农村住宅室内热舒适度的节能技术研究及农村住宅围护结构节能技术研究等。如谢东明对湖南地区的影响农村住宅居住热环境的因素做了分析,针对屋面对热环境影响显著的这一特点,从减少辐射传热角度出发,指出了双层通风屋面技术在改善室内热环境方面的重要作用。有研究者着重从自然通风这一被动式技术角度,研究了改善湘北地区农村住房热环境的具体措施。刘晋对重庆农村住宅室内热环境情况做了调研,并针对存在的问题,结合重庆的气候特征和地域特征,提出从加大室内自然通风和改善外围护结构两方面的技术措施来改善室内热环境。

  一些研究者从适宜性技术角度出发对不同地区的农村住房做了研究。根据鄂东北地区农村住宅能耗及室内舒适度现状的调研,指出该地区节能设计的重点在于夏季隔热,并从选址规划、平面布局及围护结构保温隔热性能改善方面提出了相应的技术策略[40]。针对关中地区农村住房的炊事能源、采暖方式及热环境现状,从空间形态、构造形态、炊事采暖、绿化遮阳等方面提出了具体的节能技术措施[41]。还有的研究者对江西省农村用地、家庭生活、住宅建筑形式、住宅能源利用及水资源利用情况做了详细调研,并结合所在区域的地域特征,从建筑布局、围护结构构造、水的生态循环及天然建造材料应用方面提出了相应技术策略[42]。还有的工作从气候适应性角度出发,对北方农村住宅的围护结构、采暖方式、新能源利用等方面的适应性技术策略做了研究,并提出了基于不同技术的农宅模式[43]。

可再生能源利用技术近年来成为农村住房节能设计的热点研究领域。部分研究工作探讨了太阳能、生物质能利用技术等新能源利用技术与农房设计本身的结合方式,并提出了新能源利用技术与其他建筑技术的亲和模式与策略[44]。还有些研究者探讨了太阳能光伏、光热供能技术,沼气、垃圾资源化利用技术,雨水收集及中水回用技术在新农村住宅中的具体应用[45]。

乡村农房的绿色化改造应该是一个全面的改造,不仅和建筑的安全性、舒适性有关,还和当地的气候状况、水文特征、风俗习惯等息息相关。尽管有了一些研究,但整体来说,乡村农房的绿色化改造依然缺乏系统全面的改造技术和方法。

5.2 乡村绿色农房改造技术研究思路与方法

5.2.1 研究思路

基于乡村观光休闲型绿色农房改造建设的需求,实地调研当地环境资源,走访绿色建材生产企业,测试场地乡村农房周边噪声,结合传统乡村农房的现状,系统总结乡村绿色农房适宜的绿色建筑技术体系,选择适宜的绿色建筑产品、材料,形成系统的绿色建筑技术体系,提升乡村生态环境,为提高改造后乡村绿色农房的围护结构热工性能,降低水、电、气等能耗,为今后美丽乡村建设和管理提供示范、依据。同时结合示范工程,开展适宜长三角快速城镇化地区的乡村观光休闲型绿色农房改造技术和集成应用研究。

5.2.2 研究方法

(1) 文献与相关产业调研

通过文献收集、网络搜索、实地走访等调研与本项目研究有关的信息,包括以下内容:

① 调研乡村农房周边的地理气候环境、自然资源、社会经济发展、人文历史等状况。

② 调研乡村农房周边建筑发展状况以及建筑节能与绿色建筑的推广情况。

③ 调研适宜乡村绿色农房改造的各种技术,涉及技术种类、适用范围、技术特点、应用技术要点等。

④ 调研适宜乡村本地的绿色建材、产品、技术,涉及产品品牌、性能、技术特点、生产技术水平、生产规模等。选择适宜的乡村绿色建筑技术和产品。

(2) 工程应用调研

① 乡村农房改造项目开展整体状况调研

调研乡村农房改造推进的相关政策、规定,绿色农房推广整体状况。

② 典型示范工程调研

对既有乡村农房建筑节能情况开展调研。内容包括项目概况、建筑节能与绿色建筑新技术的应用、绿色农房评价情况、绿色农房的运行效果等。

（3）现场情况勘察

实地考察项目周边状况，对比分析改造与重建的成本、实际使用效果，选择适宜的方案。

（4）测试分析

通过专业的仪器设备，对改造前后的建筑温湿度、噪声及采光等进行实地测试分析。

5.3　围护结构改造技术研究

围护结构是指围合建筑空间四周的墙体、门、窗等，构成建筑空间，抵御环境不利影响的构件。围护结构一般应具有保温、隔热、采光、通风、隔声、防水、防潮等功能。

由于建筑节能设计标准是 2005 年才开始实施的，之前建设的大部分既有建筑是不节能建筑，围护结构和构件老化、外观陈旧，存在着热工性能差、室内热环境较差、供暖空调能耗较高的现象，部分还存在着渗漏、通风和隔声差等问题，功能难以满足要求，并影响正常使用。

围护结构改造的目的主要为改善保温、隔热、隔声、防水等性能，获得更好的室内声、光、热环境或（和）装饰效果。

乡村农房的空调开启模式为间歇模式，供暖空调设备的启用具有一定随机性。建筑实际上是由多个独立的供暖空调房间组成的。传热通道由外、内围护结构共同构成。热量会通过外围护结构（外墙、外窗、屋面）传至室外，也会通过内墙和楼板传递至相邻房间。实际上将加大房间的能耗。通过研究得出典型居住建筑的三个房间冬夏季围护结构的传热量比例，见表 5-1、

表 5-2。

表 5-1 典型房间夏季围护结构传热量比例

房间	围护结构夏季传热量比例(%)				
	外窗	外墙	内墙	楼板	内门
房间 1	49.54	29.22	6.99	13.23	1.02
房间 2	40.56	20.39	16.66	19.23	3.16
房间 3	39.28	33.89	9.25	16.51	1.07

表 5-2 典型房间冬季围护结构传热量比例

房间	围护结构冬季传热量比例(%)				
	外窗	外墙	内墙	楼板	内门
房间 1	51.03	29.02	7.03	12.51	0.41
房间 2	41.33	21.22	16.03	19.57	1.85
房间 3	42.66	30.15	9.24	17.01	0.94

因此,提升围护结构节能性能的改造主要包括门窗、墙体、屋面、楼(地)面、遮阳系统等。

5.3.1 外墙节能改造

既有建筑的墙体节能改造主要涉及外墙改造,故此处主要指外墙。

外墙节能改造技术主要包括保温和隔热技术。外墙保温系统在夏季也起隔热的效果;对于夏季气候炎热地区除了采取保温技术外,往往还单独采取隔热措施。

外墙保温技术包括外墙内保温、外墙外保温、外墙自保温(含夹芯保温)几种。对于既有建筑的外墙,改造时一般基层墙体仍然保留,不作拆除,故改造时一般采用外墙内保温和外墙外保温技术。外墙外保温优点相对较多,比内保温更适于节能改造,节能改造时应优先采用。外墙节能改造往往与建筑的内外装修紧密相连,一般有外装修要求的选择外墙外保温,否则采用内保温。

单纯的外墙隔热技术主要包括热反射饰面、背通风墙及墙面绿化等技术。

外墙外保温系统是指在外墙的外侧涂抹、喷涂、粘贴或(和)锚固保温材料的墙体保温形式。外保温基本可消除热桥,整体保温性能好,墙体内表面不产生结露,施工时不影响室内正常使用,因此,节能改造时常常优先采用,特别是对于外立面需要翻新的既有建筑。既有建筑除某些特殊建筑(如历史文物保护建筑)外,外墙改造时一般将节能改造和外立面翻新结合在一起。外保温系统的选择要根据建筑物的特点及装饰情况来定,按照系统外饰面的不同分为薄抹灰外保温系统、保温装饰一体化板保温系统及不透明幕墙外保温系统。

常见保温材料主要包括有机保温材料、无机保温材料和有机-无机复合保温材料。有机保温材料主要包括模塑聚苯乙烯(EPS)泡沫板、挤塑聚苯乙烯(XPS)泡沫板、聚氨酯硬泡(PU)保温板、酚醛树脂(PF)板等。无机保温材料包括发泡陶瓷保温板、发泡水泥板、岩棉板、玻璃棉、泡沫玻璃、真空绝热板等保温材料。有机-无机复合保温材料主要有:聚氨酯硬泡与玻化微珠的复合、聚氨酯硬泡与泡沫混凝土的复合、无机不燃材料和聚苯乙烯的复合等。

结合长三角地区乡村农房的特点,考虑技术的成熟度及造价等因素,筛选了该地区适宜的外保温技术,主要见表 5-3 所示。

表 5-3 适宜推广应用的外保温系统

技术名称	技术概况	执行标准
EPS板薄抹灰外墙外保温系统	采用 B_1 级普通 EPS 板或石墨 EPS 板做保温材料,外侧做薄抹面层和饰面涂层构成的外保温系统。EPS 板采用胶粘剂固定在基层外侧,薄抹面层中满铺玻纤网,锚栓辅助固定	《模塑聚苯板薄抹灰外墙外保温系统材料》(GB/T 29906);《外墙外保温工程技术规程》(JGJ144)
岩棉板(带)薄抹灰外墙外保温系统	采用 A 级岩棉板(带)做保温材料,外侧做薄抹面层和饰面涂层构成的外保温系统。岩棉板(带)采用胶粘剂固定在基层外侧,薄抹面层中满铺玻纤网,锚栓辅助固定	《岩棉外墙外保温系统应用技术规程》(苏 JG/T 046)

5.3.2 屋面改造

既有农房的屋面一般为平屋面,年代较久的建筑屋面一般没有采取足够的保温措施,改造的主要内容为增加保温和防水措施。节能改造主要方式有增加保温层、平屋面改坡屋面和屋顶绿化等方法。平屋面改坡屋面和屋顶绿化等技术可结合屋面防水、排水、装饰、绿化进行。

表 5-4 适宜推广应用的屋面保温技术

技术名称	技术概况	执行标准
XPS板屋面保温系统技术	采用 B_1 级 XPS 板作为屋面保温材料,置于柔性防水层之上,与其他构造层形成倒置式防水保温屋面。系统具有保温效果良好、保护防水层、耐久、施工便捷等特点。	《绝热用挤塑聚苯乙烯泡沫型材料(XPS)》(GB/T 10801.2);《屋面工程技术规范》(GB 50345)
聚氨酯板(PU板)屋面保温系统技术	采用 B_1 级 PU 板作为屋面保温材料,置于柔性防水层之上,与其他构造层形成倒置式防水保温屋面。系统具有保温效果良好、保护防水层、耐久、施工便捷等特点。	《硬泡聚氨酯保温防水工程技术规范》(GB 50404)和《聚氨酯硬泡体防水保温工程技术规程》(DGJ 32/TJ95);《屋面工程技术规范》(GB 50345)

既有农房顶层房间普遍存在漏雨、冬冷、夏热的问题。实践证明,坡屋顶与平屋顶相比具有通风好、冬季保温、夏季凉爽的优点。"平改坡"具有投资少、施工周期短、见效快等明显优点。"平改坡"还能够改善村镇面貌,改善建筑的排水,有效防止渗漏,有效提高屋顶的保温、隔热功能,提高旧房的热工标准,达到节约能源、改善居住条件的目的。

目前,在农房的改造中,也从屋面的隔热保温以及传统文化的传承和发展考虑。"平改坡"农房再改造中,好多新建的平屋顶又改为坡屋顶,以提高民居的室内热工指标和外观的美观,以及美丽乡村建筑风格的新旧建筑的统一、融合,可改变村镇的整体面貌。

"平改坡"宜采用木屋架,见图5-1。木屋架的龙骨全部由木结构组成,木结构上再铺设屋面板,然后在屋面板上铺设陶瓦。木屋架具有更好的优势,具体表现在:安装较方便,由于木屋架的龙骨可在工厂加工好,而铁屋架的钢材龙骨需要现场焊接;保温隔热性能较好;重量较轻,降低了旧农房的屋面荷载。

图5-1 增加木屋顶的平改坡工程

5.3.3 楼(地)面改造

既有建筑楼地面改造主要涉及节能改造和隔声改造。

既有建筑中需节能改造的楼板主要包括外挑楼板、架空楼板、地下室顶板等,这些楼板直接与室外空气接触,与外墙等一样传递热量,采取保温隔热措施能够减小由于室内外温差引起的热传递损耗。而楼板噪音干扰则一直是既有建筑影响正常使用的一个因素,特别是针对有噪声源的部位(如设备间下部房间等)。

根据实际情况,楼板节能改造可采用板底粉刷保温砂浆或板底粘贴保温板的做法,或在板面铺贴保温材料的做法。楼板隔声改造主要有以下几种方式:铺设木地板,"浮筑地面"法,楼板底部增加阻尼层。

5.3.4 外门窗改造

建筑外门窗也常常是既有农房改造的重点之一。

目前节能改造中对外窗的改造大多是采用全部更换的方法,特别是对于使用年代长久、维护较差的外窗,其利用价值已经很小,变形严重、气密性差、外观陈旧,一般采用彻底更换。可替代的节能窗有中空玻璃塑料窗、中空玻璃断热铝合金窗、Low-E中空玻璃塑料窗、Low-E中空玻璃断热铝合金窗等,技术成熟,目前已大量应用。

对使用时间短、维护保养较好的单层玻璃窗,虽然热工性能满足不了节能的要求,但仍有很好的利用价值,一般采用局部改造的方法,充分发挥其原有的功能,达到节约资源、保护环境的目的。具体方法有:①加装成双层窗;②单层玻璃改造为中空玻璃窗;③型材改造等。

对外门、非采暖楼梯间门的节能改造,可采用更换的方法,对寒冷地区建筑的外门口尚应设门斗或热空气幕。

5.3.5 遮阳改造

对外窗遮阳设施进行改造时,宜采用外遮阳措施。外遮阳的遮阳系数可参照现行国家标准《夏热冬冷地区居住建筑节能设计标准》(JGJ 134—2010)的规定进行确定。加装外遮阳时,应对原结构的安全性进行复核、验算。当结构安全不能满足要求时,应对其进行结构加固或采取其他遮阳措施。

外遮阳在夏热地区是很有效的建筑节能措施。夏热地区夏季通过窗户进入室内的太阳辐射热构成了空调的主要负荷,设置外遮阳尤其是活动外遮阳是减少太阳辐射热进入室内、实现节能的有效手段。合理设置活动外遮阳能遮挡和反射70%~85%的太阳辐射热,大大降低空调负荷。

外遮阳按照系统可调性能分固定遮阳、活动外遮阳两种。

固定遮阳系统一般是作为结构构件(如阳台、挑檐、雨棚、空调挑板等)或与结构构件固定连接形成,包括水平遮阳、垂直遮阳和综合遮阳;该类遮阳系统应与建筑一体化,既达到遮阳效果又美观。

活动外遮阳系统包括可调节遮阳系统(如活动式百叶外遮阳、生态幕墙百叶帘和翼形遮阳板)和可收缩遮阳系统(如可折叠布篷、外遮阳卷帘、户外天棚卷帘)两大类,但有的可调节遮阳系统也具有可以收缩的功能。活动外遮阳可根据室内外环境控制要求进行自由调节,安装方便、装拆简单。夏天可根据需要启用外遮阳装置,遮挡太阳辐射热,降低空调负荷,改善室内热环境、光环境;冬季可收起外遮阳,让阳光与热辐射透过窗户进入室内,减少室内的供暖负荷并保证采光。

既有农房节能改造宜采用活动外遮阳,常见的形式有户外卷帘、户外百叶帘、机翼百叶板等。其他遮阳方式还有内置百叶中空玻璃遮阳等。

5.4 室内外环境提升技术研究

室外环境与人们的生活息息相关,对既有农房环境的提升,一方面要以人为本充分考虑人们对建筑环境的需求,另一方面要充分考虑既有农房的特点,因地制宜,采取合理、经济的建筑环境提升方案。

室外环境提升主要包括室外声环境的改善,通风和空气质量的提高,热岛效应的减缓以及适老性设施改造等。

5.4.1 声环境提升技术

声环境的改善是个综合的系统工程,牵涉多方面的问题。通常情况下,从以下三个方面来改善声环境:一是减轻声源强度;二是增加声传播路径上的声衰减;三是加强受声点的保护。

对于既有农房,使用声源降噪技术代价比较高昂,因此声环境的改善以声传播路径降噪技术和受声点保护技术为主。

声传播路径降噪技术主要有声屏障技术、隔声罩技术和隔振技术等。声屏障技术是主要的声传播路径降噪技术;声屏障是一种专门设计的立于噪声源和受声点之间的声学屏障,主要针对某一特定保护区域进行设计。隔声罩技术是用隔声罩将噪声源封闭起来,此技术适用于固定设备的降噪,如机电设备等。当声波通过结构进行传播时,前面两种技术都无法应用,此时主要通过隔振的方法进行降噪。通常是在噪声源的基础与设备间安装隔振元件,隔振元件需根据实际情况确定选用阻尼材料还是弹簧器。

对于乡村农房,噪声主要是通过外墙、外窗、楼板等结构侵入室内,因此受声点保护技术主要是对建筑相关结果进行技术提升。外墙的孔洞对隔声量的影响非常大,必须对相应孔洞做好隔声消声处理。外窗是隔声的薄弱环节,可以通过增厚玻璃以及提高窗体密闭性来增强隔声性能。另外,通风隔声窗也能够有效解决室内噪声污染和室内通风等问题。

5.4.2 通风和空气净化技术

既有居住建筑的通风可分为两种:一种是依靠风压热压形成的自然通风,另一种是动力驱动的机械通风。

既有居住建筑的自然通风采用增加外窗面积或增设外窗来实现。外窗的设置要综合考虑建筑所处的室外风环境、交通环境、通风换气与空调能耗、围护结构隔热性能的平衡。当建筑紧邻街道时,外窗的改造宜采用通风隔声窗或采取其他改造措施。

机械通风通过在主要使用房间如卧室、客厅外窗设置送风机,将新风引入室内,在卫生间、浴室设置排风机,通过风管机主机将室内空气抽离。卧室是空调器启用相对较久的区域,也可以单独做机械进风及带热回收的机械排风系统,通过回风的能量回收对新风预热或降温。

空气净化技术主要有过滤吸附净化技术、催化净化技术、负离子净化技术以及植物净化技术等。

空气过滤材料主要使用纤维素过滤材料、玻璃纤维类过滤材料、石棉类过滤材料及高效微粒空气过滤材料等。吸附净化是利用具有吸附能力的多孔物质如活性炭、分子筛、硅胶等吸附剂吸附空气中的有害物质。生物净化法是过滤器中多孔填料表面覆盖生物膜,膜内微生物可与污浊空气发生化学反应,将污染物分解为二氧化碳和水。催化剂净化是在自然光或灯光的激发下,催化剂的活性自由基与污染物发生氧化还原反应。负离子净化主要通过能产生负离子的设备来实现。植物净化则是利用绿色植物吸入化学物质的能力净化空气。

5.4.3 热岛效应的减缓

减缓热岛强度的人工措施主要包括降低建筑排热和提高住区下垫面热反射的新型材料应用。

降低建筑排热措施涉及住宅建筑的节能改造和能源系统改造。节能改造主要对建筑的围护结构进行改造,将原先的保温隔热性能提升至新的建筑节能性能要求。能源系统的改造主要是使用能效等级较高的采暖空调设备与系统。另外,改造中可以尽可能增加太阳能热水等可再生能源设备,减少对常规能源的消耗,降低住区热量的排放。

提高住区下垫面热反射涉及的措施包括扩大建筑周围绿化面积和土壤面积比例,高反射涂料在建筑屋面与外墙上的应用,高反射材料在住区路面上的应用等。

5.5 其他改造技术

5.5.1 水系统改造

水系统改造主要包括水系统节水化改造和住区雨水排放改造。

水系统节水化改造技术主要有冲水马桶节水改造,可以更换原冲水马桶为节水型马桶,对老式马桶配件进行节水改造,将其更换为分档式冲水节水配件。水嘴节水改造可以考虑淘汰老式螺旋升降式水嘴，将其更换为节水水嘴，在原有的老式水嘴上加装节水阀或起泡器等。淋浴器节水改造可以更换原有淋浴器为节水淋浴器，在原有淋浴喷头上加装节水配件，在原有淋浴器冷热管出水口上加装恒温调节配件。

雨水排放改造技术主要有道路雨水排放改造技术、场地雨水排放改造技术等。道路雨水排放改造可以采用将局部路缘石改高为平，或增设生态滞留草沟等。场地雨水排放改造可考虑将原有硬质路面更换为透水地面，利用原本不透水的混凝土进行铺装渗透性改造，或直接进行下凹式绿地改造。

5.5.2 可再生能源利用技术

在既有乡村农房改造过程中，可实施性较大的可再生能源利用技术主要是太阳能利用技术和地热利用技术。

太阳能利用技术主要包括太阳能采暖技术、太阳能热水技术、太阳能光伏技术以及太阳能空调制冷技术等。太阳能采暖技术主要包括被动式太阳房、主动式太阳能供热采暖系统。

太阳能热水系统可分为集中供热水系统和分散局部供热水系统，不同类别的建筑可根据用热水需求进行选择。

太阳能光伏技术与建筑的结合形式可以分为两种：一种是光伏组件及系统与建筑外表或建筑环境的一般结合形式，第二种是光伏构件及系统本身具备建筑功能。在利用太阳能光伏技术时，太阳能电池板要与建筑物外形及周边环境协调统一。

太阳能空调制冷技术可分为太阳能光电转换制冷和太阳能光热转换制冷。目前应用最广泛、技术最成熟的是太阳能吸收式制冷与太阳能吸附式制冷技术。

地热利用技术主要包括土壤源热泵技术、地表水源热泵技术以及地下水源热泵技术。在实际改造过程中，应根据建筑本身需求以及周边环境特点,选择地热利用技术。

5.6 结论

通过实地调研传统农房的现状、当地居民的生活习惯、周边绿色建材生产厂家的实际生产规模,结合示范工程绿色改造过程中的实际问题,总结绿色农房改造适宜的绿色建筑技术主要有:

(1) 乡村农房周边空地多,建筑密度小,选择下凹式绿地,满足景观需求的同时,径流总量可得到较好控制,可有效避免内涝问题,又能够给农民提供开放的活动空间。

(2) 选择热工性能好的围护结构,保温、隔热、隔声达到较好的效果,提高使用者的舒适度。

(3) 乡村农房多为低层建筑,建筑密度小,屋面面积大,采用太阳能热水系统更为合适。

(4) 乡村农房室外空旷,夜晚活动不多,农民休息早,室外路灯可考虑由光伏发电系统提供电源,满足照明需求的同时可以更好地节约能源。

乡村农房采用适宜的外围护结构节能改造技术后,冬季时可提高农房室内空气平均温度和室内墙体内表面温度,有效改善室内热环境,给农民提供更舒适的居住环境。

第六章 美丽乡村建设技术集成示范应用实践

6.1 基地现状概况与建设特征

6.1.1 胜家桥社区概况

区位：胜家桥社区在江宁开发区南部、秣陵街道西面，坐落在银杏湖畔、云台山脚下，东靠宁丹路，胜家桥社区用地总面积 436.4 hm^2，范围东至胜太桥社区边界，南至后干村，西至白鹭湖水库，北至银杏湖大道。社区总户数 683 户，总人口 1 772 人。

发展定位：根据南京市江宁区村庄布点规划、江宁区秣陵街道总体规划等上位规划，胜家桥社区总体定位为：从事农业生产为主，特色乡村体验区，发展田园风光游览。

6.1.2 胜家桥自然村建设特征

用地：胜家桥村位于胜家桥社区中部，村庄总用地面积为 9.1 hm^2，其中建设用地面积为 3.1 hm^2，非建设用地面积为 6 hm^2，主要包括水域、耕地、林地等用地类型。

人口：人口规模为现有 61 户，172 人。

交通：外部交通主要为东侧 Y335 村域道路，宽度为 5～6 m，水泥路面；内部道路宽度为 2～4 m，水泥、沙石、土路皆有，路网错综复杂，通达性差，不成体系。

建筑：村庄内部建筑大多为砖混结构，墙面为水泥，建筑质量较好；存在部分年代较早的老宅，建筑质量较差；同时村庄内有部分临时搭建建筑，建筑风貌较差。部分青砖老宅具有一定历史意义，规划应予以保留。

绿化植被：村庄内部绿化缺失，部分地块裸露。村庄内现有植被主要为村民自发种植的景观植物，如桂花、玉兰等，并存在少量果树及大树。

地形：现状村庄地势北高南低，北部为一山坡，南侧为鱼塘。

水体：现状水体丰富，布局分散，主要为人工鱼塘。水质较好，但水体相互独立，没有形成相互联系的水网。

公共服务设施：村庄内现有公共服务设施为村庄入口处的健身器材，无其他服务设施。

基础设施：现状村域内已有电力电信设施，同时宽带网络已经全面覆盖；沿道路一侧以及村庄主要入口已经设有太阳能路灯，但村庄内部没有公共照明设备；村庄内有村民自建厕所及垃圾房，但整体质量及效果较差；村庄内部雨污合流，雨水采取明沟排放，且缺乏污水管网。

6.1.3 李家桥自然村建设特征

区位：李家桥村是胜家桥社区中的一个自然村组，位于社区的西北角，北侧紧邻银杏湖大道。

用地：李家桥村占地面积约 10.6 hm^2，用地类型主要包括村庄建设用地、工业用地、道路用地、农田、水域等用地类型。

人口：李家桥村共 54 户，总人口 125 人。

范围：整个规划范围由两部分组成，分别是李家桥村范围和白鹭田园休闲体验区范围。白鹭田园休闲体验区目前已初见成形。

地形：李家桥村总体为丘陵地形，南北方向中部高、两端低，东西方向为西高东低、起伏有致。

水系：李家桥村有丰富的水资源，水系形态丰富，河湖池塘各异。总体上水质优良，水系布局自然生态，无明显的人工干预和污染破坏，有着较好的景观风貌。

植被：李家桥村植被丰富多样，并基于丰富的地形肌理，形成了整体优良的生态环境。村庄的主要植被分为两类，为苗圃和耕地，具体种类为竹、广玉兰、茶树、果树、有机蔬菜等。

6.2 观光休闲型美丽乡村规划

6.2.1 规划对策与技术体系

本次研究针对自然景观特色的观光休闲型村庄，基于前述相关村庄技术研究，在所在社区编制了村域层面的规划和内部两个自然村规划。以村域规划为前提，指导村庄规划的总体目标和基本原则，并通过产业功能、景观道路等方面的规划将其中的自然村联系起来，形成整体融合的规划方案。

1）村域规划方案

村域规划主要分为"现状—定位—规划"三大部分。其中，规划体系由用地规划、产业规划、公共服务设施规划、道路交通规划、市政基础设施规划等内容构成，即在村域层面主要对产业及设施两方面进行安排，作为下一层次村庄（居民点）规划的统筹指导。

胜家桥社区位于南京市江宁开发区南部，坐落在银杏湖畔、云台山脚下,东靠宁丹路,用地总面积 436.4 hm^2,社区总户数 683 户,总人口 1 772 人。社区(村域)规划以胜家桥社区行政辖区为范围,围绕"生态、休闲"的规划主旨,创建独具特色的美丽乡村。在村域规划体系中的产业部分,主要关注区域联动、产业策划、农业和旅游业空间布局,以及产业运营机制;在体系中的设施部分,主要提出总体道路交通体系、公共设施配套内容和标准,以及给排水等重要市政基础设施的建设要求(见表 6-1)。

表 6-1　胜家桥社区(村域)规划体系内容

体系	内容		重点
现状分析	区位、面积、人口等		生态景观资源
目标定位	社区类型及发展目标		产业类型
土地利用规划	各类用地及规模		生态空间保护、建设用地管控
产业规划	产业策划、产业空间布局、产业运营等		旅游业布局及运营
设施规划	公共服务设施		内容及标准
	基础设施	道路交通	原则及要求
		给水工程	
		污水工程	
		电力工程	

总体而言,村域规划的内容体系相对精练,以原则、目标旨在从村域角度协调村庄对外关系和内部关系,从若干重要方面起到引导和管控自然村规划建设的作用。

2) 村庄规划方案

(1)《江宁区秣陵街道胜家桥社区李家桥居民点美丽乡村规划》

李家桥村是南京市江宁区胜家桥社区中的一个自然村组,位于社区的西北角,北侧是江宁区重要干线银杏湖大道。村庄地势起伏、水系丰富、植被多样,自然条件优良。村庄西侧紧邻黑龙江建工集团投入建设的白鹭田园智慧农业产业园——花溪农场,内部设置了百鸟园、栀子花海、渔悦池、农耕教育基地、农耕科普示范园、生态农庄示范长廊、乡村童趣园等观光休闲项目,李家桥村将借势发展成为具有自然景观特色的观光休闲型村庄。

村庄规划从现状分析入手,梳理村庄自然景观资源及其他发展条件。在此基础上,将李家桥村定位为"具有自然景观特色的观光休闲型美丽宜居乡村",主导功能为公共服务、水果采摘体验、农家美食餐饮、乡村休闲游乐。依据该类村庄的规划体系内容,规划依次开展功能分区、空间布局、住宅设计、景观设计和设施规划等工作,并为规划实施提供具体建议。

(2)《江宁区秣陵街道胜家桥社区胜家桥示范村村庄建设规划》

规划范围位于胜家桥社区中部,北临古山村,南接胜家桥村。村庄水系、植被条件较好,具有良好的自然景观基础。村庄受周边白鹭湖景区及花溪农场等带动,也将发展成为具有自然景观特色的观光休闲型村庄。

规划落实该类村庄规划体系的各项内容工作。对村庄的交通、建筑、绿化、水体、设施等进行全面的分析,合理策划未来产业发展,将胜家桥定位为生态休闲、田园体验村庄,建成让村庄百姓感受到亲切感、归属感的美丽家园。规划通过"十美丽"设计对村庄的绿化景观和公共服务设施进行全面规划,通过建筑改造规划对村庄的建筑进行分类整治指导和绿色农房改造,通过市政基础设施规划安排道路交通和公用设施建设,最后为村庄建设发展提供了具体的实施建议和投资估算。

(3)方案比较

从两个示范点规划来看,本研究建立的自然景观特色的观光休闲型村庄规划编制体系具有较好的实用性。在此体系下，根据自然村的自身条件不同，在具体规划内容和重点上可以有所区别(见表6-2)。

表6-2 村庄规划方案比较

体系内容	李家桥自然村规划	胜家桥自然村规划
现状分析	侧重内部农业产业园项目分析和自然景观特色分析	侧重自然景观资源及建设现状
目标定位	农家旅游、公共服务	生态休闲、田园体验
产业发展	围绕产业园发展配套产业	农业与旅游相结合
功能分区	产居功能区分及互补	侧重产居分区及游线组织
空间布局	侧重建设用地规划	侧重非建设用地规划
住宅设计	根据功能改造	区分改造力度
景观设计	侧重节点设计	融合"十美丽"打造
设施规划	侧重道路整治	考虑地形要求，地形满足旅游需求
实施建议	侧重企业投资	侧重投资估算

6.2.2 生态规划设计

1) 宏观尺度：胜家桥社区层面——优化生态安全格局

(1) 区域生态资源评价

地形多元：胜家桥社区总体为丘陵地形，西高东低，起伏有致，地形地貌较为丰富。

水系富集：胜家桥社区有丰富的水资源，社区内部河网密布，且水系形态丰富，河湖池塘各异。总的来说，社区水质优良，水系布局自然生态，无明显的人工干预和污染破坏，有着较好的景观风貌。社区内部尤其以邵处水库和史家水库为两处突出的水系资源，水域广阔、水质清澈，周边生态环境较好，是社区较为宝贵的生态景观。

植被丰富：社区植被丰富多样，并基于丰富的地形基地，形成了整体优良的生态环境和优美的大地景观。社区的主要植被为竹、广玉兰、茶树、果树等。

（2）生态敏感性评价

选取海拔、坡度、重要生态功能区、基本农田、林地、水体六类因子，在 ArcGIS 10.0 平台进行生态敏感性评价，划分为极低敏感性、低敏感性、中敏感性、高敏感性、极高敏感性五级，叠加得到生态敏感性综合评价结果（见表6-3、图6-1、图6-2）。

表6-3 生态敏感因子分级赋值

因子		分类	分级赋值	生态敏感性等级
地形	坡度	>20%	9	极高敏感性
		15%~20%	7	高敏感性
		10%~15%	5	中敏感性
		3%~10%	3	低敏感性
		0~3%	1	极低敏感性
	海拔	>50 m	9	极高敏感性
		35~50 m	7	高敏感性
		30~35 m	5	中敏感性
		20~30 m	3	低敏感性
		<20 m	1	极低敏感性
重要生态功能区			9	极高敏感性
林地			7	高敏感性
水域			5	中敏感性
基本农田			5	中敏感性

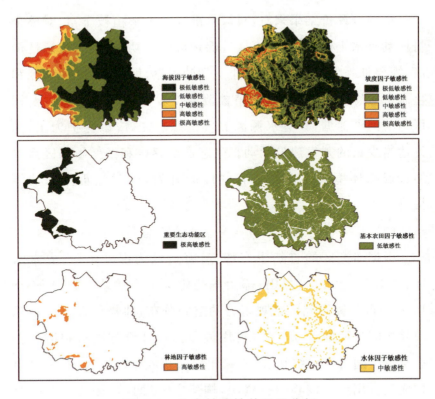

图 6-1　生态敏感性单因子分析

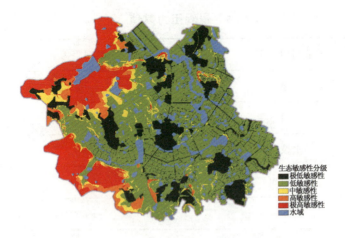

图 6-2　生态敏感性综合评价结果

从综合评价结果来看,村域西部丘陵地形植被丰富,对整个村域具有水土保持、生物多样性保护等生态功能,生态敏感性最高,需要加强保护,原则上禁止一切建设活动。生态高敏感区和生态中敏感区为连片农田、植被覆盖度较高的林地区域以及社区内的河湖池塘,具有水源涵养等生态功能,应以保护为主,允许适当少量的开发建设活动。生态低敏感区和极低敏感区需要结合资源环境条件进行适宜强度的开发,同时注重生态功能提升。

(3) 基于斑块廊道分析构建生态安全格局

根据研究区的自然生态特点,将村域内邵处水库、史家水库、独山、王麻子山、黑山、邵山等确定为生态斑块。在ArcGIS 10.0平台计算研究区景观阻力的空间分布,即物种在不同景观单元之间迁移的难易程度,再用最短路径计算方法得到潜在生态廊道。通过道路绿化、滨水绿化串联核心生态斑块,有机贯通村庄建设用地与核心生态资源,构建"一纵两横"综合生态安全格局(见表6-4、图6-3)。

表6-4 景观阻力赋值

土地利用类型	景观阻力
林地	10
农田	50
水域	100
建设用地	1 000
道路	1 000
其他	700

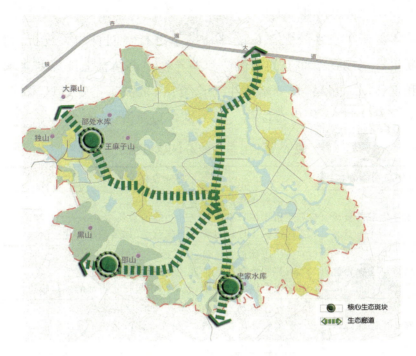

图 6-3 生态安全格局

2)中观尺度:胜家桥村层面——划定生态功能分区

(1)生态系统服务功能评估

在生态敏感性评价的基础上,对水、植被、基本农田等主要生态因子分别赋以生态系统服务功能评估权重,加权叠加得到生态系统服务功能综合评估结果(见表 6-5)。

表 6-5 生态系统服务功能评估权重

评价因子	生态系统服务功能评估权重				
	水源涵养	水土保持	生物多样性保护	农业生产	人居环境
水体	0.5	0.28	0.12	0.07	0.03
植被	0.15	0.25	0.3	0.2	0.1
农田	0.01	0.01	0.25	0.7	0.03

(2) 生态功能分区

基于生态系统服务功能评估结果进行空间自相关分析,判断生态功能在空间上的相似性和差异性。再结合上位规划要求和现状用地布局,划分水体生态修复区、植被生态保育区、农业生态保障区、人居生态优化区四类生态功能区(见表6-6)。

表6-6 生态功能分区建设指引

生态功能分区	乡村建设指引
水体生态修复区	(1) 加强对水体的保护与管理; (2) 严格保护具有水源涵养功能的自然植被; (3) 河流驳岸进行自然生态式改造,加强滨水绿化
植被生态保育区	(1) 保护山体现有植被; (2) 恢复和重建退化植被; (3) 加强山体周边补植,疏通山体与村庄内部的生态廊道
农业生态保障区	(1) 严格保护基本农田; (2) 调整农业产业结构,减少农业面源污染; (3) 加强田埂绿化
人居生态优化区	(1) 优化产业结构; (2) 村庄内部进行综合环境整治; (3) 加强宅旁绿化、庭院绿化

3) 微观尺度:胜家桥村庄内部生态建设指引

(1) 用地布局生态化模式

轴线引领:用地整体结构顺应山脊线、山谷线、汇水线走向,形成依山亲水的空间轴线。

组团布局:通过"大分散,小集中"的组团式布局,尽可能地扩大用地与山水的接触面,山水形成组团间自然隔离。

廊道渗透:用地组团之间补植乡土观赏树种,构建开放式绿地廊道纽带,将自然山水指状渗透到各功能板块,形成山-水-城充分相融、点-线-面有机衔接的空间布局。

局部优化:对于滨水、沿山、丘陵等局部地带,结合等高线走向、水系形态等对用地进行局部优化。

第六章 美丽乡村建设技术集成示范应用实践

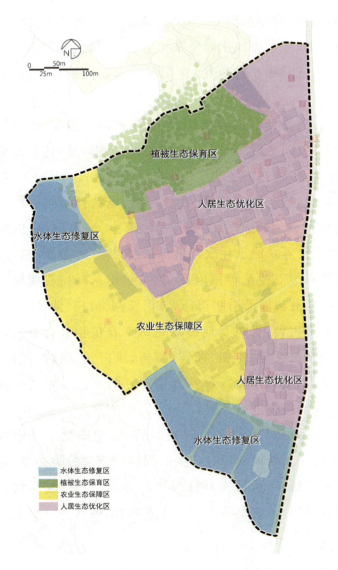

图6-4 生态功能分区

（2）生态要素控制引导

水环境优化：对村庄中部三处水系利用场地高差，进行连接贯通，形成叠水景观。对桥梁及周边水体环境进行改造，保证安全性的前提下，替换原有桥梁金属栏杆，替换为木质栏杆，同时对防撞墙进行粉刷年画图案,并改造标示,使之更具乡村特色。

围护改造:建议将现状硬质围护生态化复原、利用石笼进行生态化围护,或利用植被软化,保持现状生态围护形式,两者风貌协调。

驳岸设计:设计石挡墙式、生态草坡式两类驳岸,其中以生态草坡驳岸居多,通过对驳岸周边植物的清理改造,达到改善水体环境、净化水质的效果。

补植绿化:通过片状栽植、线状补植、点状补植三种措施增加村庄植被覆盖,加强宅旁绿化、庭院绿化、滨水绿化、田埂绿化,提高生态涵养功能。片状栽植包括茄果类、叶菜类、瓜豆类、野菜类及葱蒜类等蔬菜种植以及梨树、桃树、杏树、石榴树等果林种植。线状补植即沿道路选择栾树、紫薇、桃树、紫叶李、石榴树等乡土观赏树种、果树及地被草花对现有植物进行补植。点状补植即通过银杏树、枣树、柿树、梨树、桃树、石榴树、枫杨、合欢、栀子、腊梅等树形高大、观赏效果较好的乡土乔木及果树对节点空间、田埂路段进行补植。

绿色农房改造:建筑材料因地制宜,就地取材。将建筑施工、旧建筑拆除和场地清理时产生的固体废弃物分类处理,并将其中可再利用材料、可再循环材料回收和再利用。废弃物主要包括建筑废弃物、工业废弃物和生活废弃物,可作为原材料用于生产绿色建材产品。

6.2.3 观光休闲模式

1)模式选择与规划思路

胜家桥社区村民年人均纯收入为1.2万元,村集体年经济收入200万元。现状产业以传统农业为主,结构单一,乡村休闲业尚未起步。土地已全部流转,由黑龙江建工集团统一经营。

第六章　美丽乡村建设技术集成示范应用实践

农业主要为玉米、水稻等粮食种植、养殖业以及少量的苗圃种植，农业产品的品质普通、价格低廉，靠大量使用化肥、农药增加农产品产量。

乡村产业发展应着眼于全域，以行政村或相关区域为规划对象。

针对胜家桥社区现状特征，充分考虑胜家桥社区村民意愿、社会经济发展需求，规划选择景观休闲-田园农家复合模式对全社区产业进行整体规划。

景观休闲模式以观赏农业经济为主导，以特色节庆为引领的开发模式。田园农家模式是以田园农家为背景，以农家乐为主要载体的开发模式。胜家桥现状具备观赏农业及农家乐发展基础和潜力。将两种模式结合，形成景观休闲-田园农家复合模式。通过种植大面积的花卉、林木或农作物，以及地形设计、人造地景雕塑、花卉人文景观等，形成优美的景观效果，建筑、景观等凸显乡村风貌，以此作为整个模式发展的基底；融入乡村文化，结合当地民俗文化和农耕文化，通过节庆助推、服务配套、旅游商品开发、农家休闲打造等，推出相关体验性活动。

2）景观休闲-田园农家复合模式规划方法

依托该模式，结合多方发展意愿以及乡村特色传承需求，形成规划思路区域联动；通过区域联动，形成产业发展整体效应，加强与周边地区的差异发展，避免内部竞争。

产业策划：研究产业特色，确定产业门类，并策划分析基于产业门类的具体业态。

产业布局：对产业策划进行具体的空间落实。

组织模式：分析研究运营机制，支撑产业发展。

（1）区域联动

与白鹭湖景区、银杏湖景区、苏家村民宿区联动，形成一条龙的旅游服务，推出自然风光游览-特色民宿与休娱-特色有机农业美食-特色农业观光-农耕知识科普与体验-有机农副产品采购"一条龙"的体系特色化产业（见图6-5）。

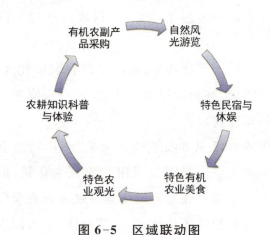

图6-5　区域联动图

（2）产业策划

以农业为基础，形成集种植、休闲、体验、农产品销售为一身的复合产业。

农业种植景观化：考虑不同季节景观风貌，将农田景观化，结合山地构建景观。

农产品高端化、品牌化：农产品高标准有机生产，既进行当地零售，同时也考虑对外大量销售，形成有影响力的品牌。

农家乐特色化：以乡土餐饮、休闲、高端农产品销售为主（见表6-7）。

表6-7　产业引导一览表

工程	项目	引导要求
产业基础工程	有机农业果林种植	以有机农产品种植为基础，村域范围种植兼具观赏性和经济性的果林； 严格把关果蔬品质，形成有机化、品牌化农产品

（续表）

工程	项目	引导要求
产业延伸工程	农家乐	沿Y335选择3~5户有条件农房形成特色休闲农家乐；对农家乐住宅进行改造，运用乡土材质，加入传统元素；引导农家乐主要经营特色餐饮、休闲业
	庭院经济	开展精品养殖，配合农家乐餐饮及相关休闲活动（如抓鸡、制腊肉、腌咸菜、垂钓等）
	采摘业	村庄周边种植草莓、葡萄等；根据季节变化，开展采摘活动，策划应季活动（如葡萄采摘比赛、自酿酒活动）
	观光业	村域入口、主要道路两侧、主要视廊种植观赏性强的乡土作物（如油菜花）

（3）产业布局

农业发展布局：整个片区划分为5大种植片区：有机粮食种植区、有机蔬果种植区、花卉种植区、蔬菜种植区、复合种植区，如图6-6所示。

图6-6 农业布局图

图 6-7 种植区建成实景图

乡村旅游发展布局：村域形成四个主题片区：乐活休闲区、民俗体验区、田园农耕区、生态观赏区，如图 6-8 所示。

村庄内部分农宅发展农家乐，作为辅助性旅游设施。

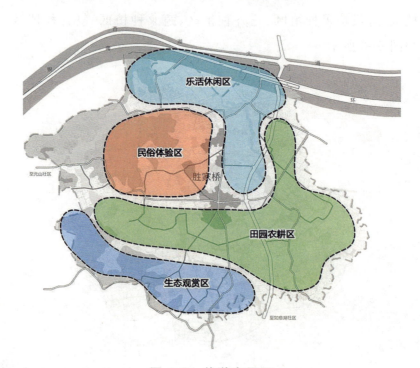

图 6-8 旅游布局图

图 6-9 乐活休闲区建成实景图

（4）运营机制

采取公司整体运营模式，村集体推进，农户加盟；

适度引导乡村空闲住宅使用权集中，适时推出以有机农产品展销为主的特色市场；

有机稻米、果蔬、养殖与花卉多单元有机结合，积极宣传农产品，建立品牌体系；

以特色农作物和经济果林为主题塑造村庄景观体系，构筑农业社会自足氛围，引导生态休闲生活行为。

6.2.4　空间布局规划设计（以胜家桥社区自然村为例）

胜家桥自然村的空间资源价值按照上述方法进行分析，可将建设空间和景观空间分别分为6个分区进行评价分析（见图 6-10、图 6-11）。

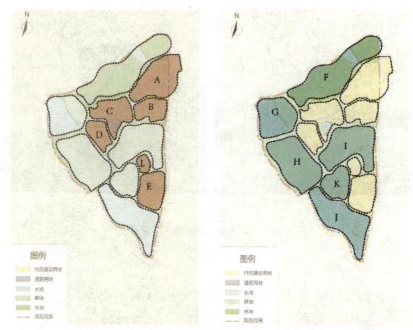

图 6-10　胜家桥建设空间分区图　图 6-11　胜家桥景观空间分区图

建设空间从交通、建筑、街巷三方面进行因子打分,得到雷达图评价如图 6-12 所示:可以看到,C 区雷达图饱满程度较高,总分较高,因此等级较高,可以作为观光休闲核心节点,功能可以适当提升其复合性,如适当配置旅游服务功能等,可结合设置游览设施;A 区域的外部交通可达性分值较高,适合作为村庄入口功能区;L 区域的内部交通可达性较高且街巷景观丰富度较高,可以设置观光旅游服务节点;B、D、E 区域总分较低且没有分数比较突出的单项因子,适合继续作为居住片区发展。

景观空间从地形地貌特色度、水系景观特色度、农业景观特色度三个因子进行打分,得到雷达图如图 6-13 所示:可以看到,F 片区的雷达图饱满程度较高,该区既有地形地貌资源,又有水资源和农业景观资源,属于景观空间等级较高的区域,可以作为

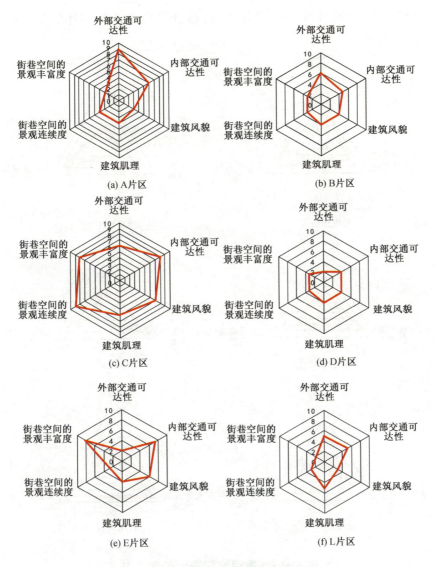

图 6-12　建筑空间资源价值评估

景观特色观光核心节点。此类区域应当适度增加休闲活动功能,配置旅游观光休闲设施。I、K 分区的农业景观特色度评分较高,适合结合农业景观打造观光片区。G、J 片区的水系景观特色度比较高,适合结合水塘环境打造滨水观光休闲区。F 片区地形地貌景观特色度评分较高,适合打造山地休闲体验区。

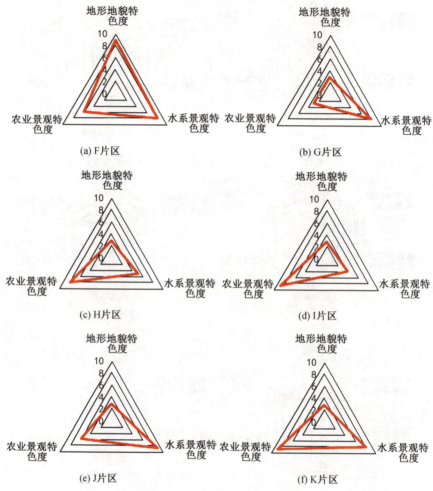

图 6-13 景观空间资源价值评估

2) 道路结构

通过上述评价,筛选出综合评分较高的地区,即公共属性较强的区域,选择这类区域作为观光旅游的核心功能区域。串联这些核心功能区域形成游线路径,同时结合街巷景观连续度的价值评价,选取景观连续度较高的街巷空间,与游线路径共同构成村庄规划的骨架系统。

胜家桥自然村以整个景观游线将村域景观与大农业景观有机结合,规划游线串联各个主要景观点,农业景观观赏与农业体验活动相结合,使游客充分感受浓郁的生态农业景观氛围(见图6-14)。同时,从居民角度来说,居住空间的道路结构更加清晰,主要道路得到疏通,主要道路至居住空间的步行距离控制在150 m以内,可达性大幅提高。

图6-14 胜家桥游线系统规划

3）节点公共空间

（1）公共空间的开放性

通过空间资源价值评价可知,综合分数越高的片区越适合作为公共空间,因此得到如下规划原则:公共属性越高的片区,其公共空间开敞度也相应越高;公共属性越低的片区,其公共空间也越为私密。

规划将公共空间的开放程度分为三级:全围合式、半围合式、开敞式。全围合式包括居住区公共空间、邻里活动空间等;半围合式包括道路一侧的广场、村庄游线节点;开敞式公共空间包括村庄入口、自然景观节点等(见图6-15)。

图6-15 观光农业景观建成实景图

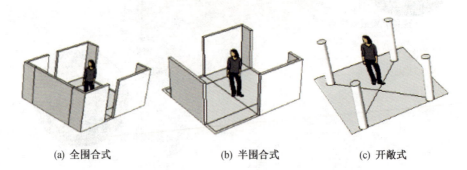

(a) 全围合式　　　　　(b) 半围合式　　　　　(c) 开敞式

图6-16 公共空间围合方式示意图

(2) 公共空间的可达性

通过交通可达性的考量,进行公共空间的选点和布局,以居住空间至公共活动空间的步行距离不大于 100 m,居住空间至公共体育活动设施的步行距离不大于 300 m 的原则进行选址,力求使所有居民能够公平便捷的使用,从而达到公共空间服务全覆盖(见图 6-17)。

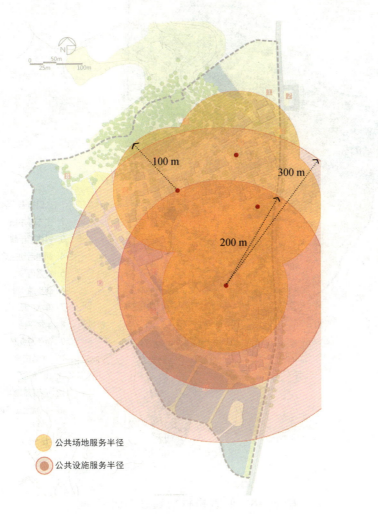

图 6-17 胜家桥公共空间可达性分析

结合功能布局、道路骨架规划和节点空间设计,最终形成胜家桥自然村(见图6-18、图6-19、图6-20)的空间布局规划。

1. 入口标志
2. 生态停车场
3. 村庄指示牌
4. 邻里活动空间
5. 观景台
6. 游步道
7. 滨水广场
8. 亲水平台
9. 特色游步道
10. 生态田埂
11. 跌水池
12. 蔬菜基地
13. 儿童活动场地
14. 果林
15. 居住区
16. 垂钓中心

图6-18 胜家桥村规划总平面图

图 6-19　胜家桥村鸟瞰图

图 6-20　胜家桥村半围合式、全围合式、开敞式活动中心建成实景图

利用相同的评价与规划方法,形成李家桥自然村的空间布局规划,如图 6-21 所示。

6.2.5　道路规划设计

1) 社区道路系统规划

在服务产业、线形自然、宽度适宜、断面合理原则的指导下,规划形成胜家桥社区道路布局,共四级道路体系。

1.村庄入口 2.白鹭田园游客服务中心 3.绿色农产品展销中心 4.村庄公共服务中心 5.农家特色餐饮住宿中心 6.生态农家乐 7.百鸟园 8.白鹭田园管理中心 9.乡村童趣园 10.农耕教育基地 11.烧烤营地 12.渔悦池 13.无土栽培温室

图6-21 李家桥村规划总平面图

（1）对外主要道路

位于社区北侧的南京市南三环，将构成社区对外联系的重要通道。

（2）区域连接线

新建连通南北相邻社区的区域连接线，宽度为10～12 m，方便社区对外联系。

（3）社区主要道路

总体为井字形结构，宽度为4～6 m，主要作用为方便生产生活，联系社区周边。

（4）支路

支路用于联系内部功能组团，宽度为1～3 m，为生活休闲与产业发展预留基础（见图6-22）。

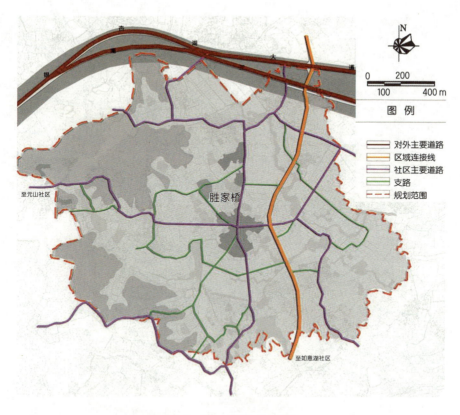

图 6-22 道路布局图

2)胜家桥自然村道路规划

整个村庄与村域道路 Y335 紧密连接;村庄内部由车行道贯穿其中,形成完整的环线,并串联主要景观节点。结合现有田埂,设计可游览的田埂路。

设置三处生态停车场,共计 35 个停车位,满足游客的停车需求。(见图 6-23)

3)村庄道路设计

对照道路设计的要求,分类开展道路设计及建设引导。

(1)车行道

胜家桥现状车行道路主要以混凝土道路为主;

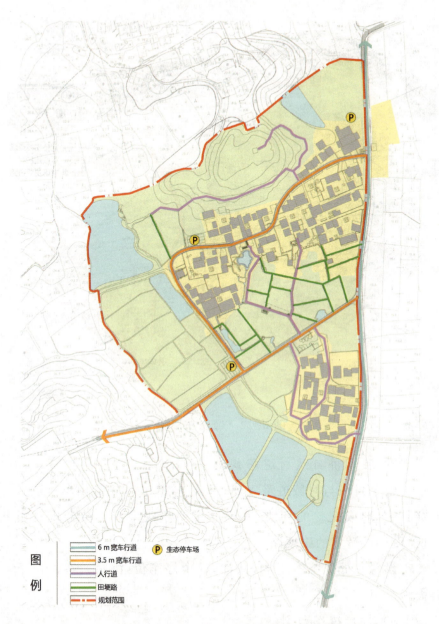

图 6-23 胜家桥村村庄道路系统规划图

本次改造保留混凝土路面,对局部残损的道路进行改造出新;道路两侧铺设半软质路肩,选择碎石、鹅卵石等,一是起到保护路面、维持路面清洁的作用,二是起到界定道路范围的作用(见图 6-24、图 6-25)。

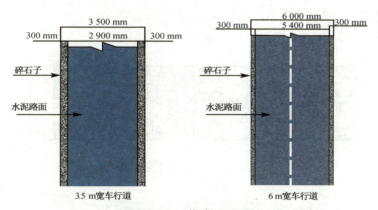

图 6-24　道路平面图

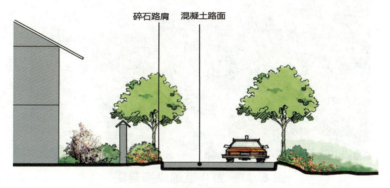

6 m 宽车行道剖面图

3.5 m 宽车行道剖面图

图 6-25　道路剖面图

(2) 人行道

选用乡土材料进行生态化铺装；优选砖石、块石、碎石作为铺装材料（见图 6-26～图 6-28）。

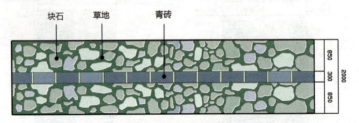

图 6-26　游步道平面图（图中单位 mm）

图 6-27　游步道铺设实景图

图 6-28　游步道剖面图

（3）田埂路

优选砖石、块石、碎石作为铺装材料，或选用拆除房屋后的建筑垃圾作为铺装材料，增强趣味性（见图6-29、图6-30）。

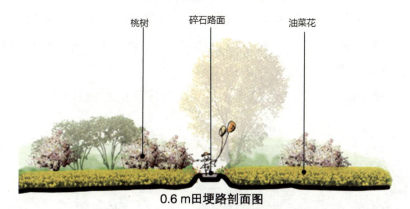

图6-29　田埂路剖面图

图6-30　田埂路铺设实景图

6.2.6　基础设施规划

（1）现状村庄基础设施评价

乡村供水：区域供水已经全覆盖，水质基本得到保障。

排水（污水处理、雨水排放）：村庄内部雨污合流，雨水通过明沟排放，缺乏污水管网。

乡村供电及照明：现状电力设施基本已经配置到位，但缺乏照明设施。

邮政通信：电信、有线电视、宽带网络已经全面覆盖。

能源利用：以液化石油气、电为主要能源，未通管道天然气。

环境卫生：自建厕所及垃圾房，尽管整体质量及效果有待提高，但基本能满足村民当前的需求。

防灾减灾：暂无紧急避难场所，居民对其需求度一般（见图6-31）。

图6-31 村庄现状基础设施

根据对现状基础设施的评价及居民需求，制定相应的规划策略，见表6-8。

表6-8 基础设施评价、居民需求及规划策略一览表

项目	现状评价	需求情况	规划策略
乡村供水	基本到位	无要求	局部更新
污水处理	污水未得到有效收集和处理	需求强烈	增加污水管网、以生态湿地为主建设污水处理设施

（续表）

项目	现状评价	需求情况	规划策略
雨水排放	雨水漫排结合硬质化渠道	需求强烈	构建生态化雨水排放系统
乡村供电及照明	基本到位	无要求	杆线梳理
邮政通信	基本到位	无要求	
能源利用	天然气未到位	需求度一般	远期天然气入村
环境卫生	设施齐全但卫生条件较差	需求度一般,以现状环卫设施整治为主	更换设施,使得风貌协调
防灾减灾	缺乏避难疏散场地	需求度一般	与绿地规划协调,合理设置

（2）村庄基础设施规划内容

从表6-8可见,对基本到位及需求度一般的基础设施,规划对其进行整治改造,满足美丽乡村基础设施配置要求;对居民需求度强烈的污水处理和雨水排放两方面,邀请居民加入,从满足生活生产需要及提升乡村景观效果出发,进行方案构思、方案设计及工程施工(见图6-32)。

乡村供水规划图

供电照明规划图

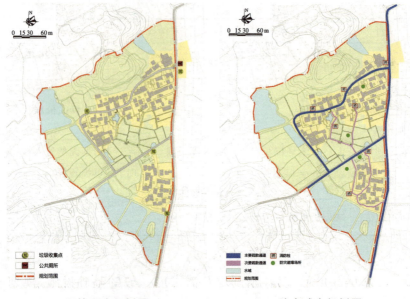

环境卫生规划图　　　　防灾减灾规划图

图 6-32　村庄现状基础规划图

（3）重点基础设施规划技术

总体思路：污水集中收集处理，建设污水处理终端的湿地景观；雨水排放采用海绵排水中蓄、滞、渗理念，构建生态型排水通道。

污水系统方案（见图 6-33）：

初步方案规划污水干管沿村内北侧道路成"一"字形分布，均沿现状道路敷设送至小型污水处理设施，其中最长干管管道长度约 450 m，中部道路污水干管（小型污水处理设施东侧段）、南部居住组团管道均为逆坡接入小型污水处

图 6-33　污水系统方案

理设施。小型污水处理设施埋深较深,覆土 4~5 m。此方案充分考虑了村庄形态,将污水处理设施居中布局,节省管网费用;同时,污水处理设施尾水将用于周边植物灌溉,节省水资源。

污水方案优化主要体现在邻避因素——小型污水设施选址、施工便利因素——主干管敷设路由、共建共享——统筹考虑村庄外建设情况三大部分。

基于以上三点意见,项目组多次进行场地勘测,弥补村庄专项规划在实际操作中的可行性,在初步设计方案的基础上,进行方案优化。方案首先对小型污水处理设施位置进行重新选址,初步方案是污水处理设施紧邻村内核心景观道路,实施运行后可能存在气味问题,一旦运行维护得不到保障,势必成为水、气污染源,植物枯萎,蝇虫滋生,影响环境。调整后的方案依托地形将小型污水处理设施布置于村庄范围东南侧,占用建工集团土地约 400 m²,同时为其预留污水处理规模;调整方案,污水管网采用最经济的路由进行敷设,规划干管敷设于村庄中部自留地,减少道路开挖。

针对自然景观特色的观光休闲型乡村的景观需求,规划采用具有湿地功能的工艺技术,选取本地污染物吸附性能强的植被,对污水进行净化的同时,加强景观效果构建,将污水处理站建设为一个乡村湿地公园节点(实施效果如图6-34)。

雨水布局方案:结合最新排水设计理念,采用蓄、滞、渗、净、用、排理念进行村庄雨水系统设计。

图 6-34　污水系统最终方案及实施照片

首先,为了控制坑塘水位,在坑塘之间建立水系连接渠道。渠道基于"渗"的理念,打造生态型渠道,渠道尺寸根据当地暴雨强度公式计算得出边坡比,渠道底宽 30 cm,口宽 70 cm,边坡系数取 0.5;渠道底部与边坡为植生型透水砖块,与旱溪景观原理类似,在渠道无水的状态下,为自然的生态型草沟,在有水的状态下,淹没了植物的水可在渠道中进行下渗、转输。

村庄北部沿低丘道路设计植草沟,负责收集雨水转输至村庄坑塘。浅沟断面形式采用倒抛物线形,植草沟的边坡坡度取 1∶3,植被高度宜控制在 100～200 mm。

对于现状农田灌溉排水沟,考虑其汇入生态沟渠时会带入大量的泥沙,造成生态沟渠淤积;规划在灌溉排水沟与生态沟渠连接处设置铁丝绑扎固定竹排,既可以排出灌溉排水沟内涝水,也可延长生态沟渠清淤周期(见图 6-35)。

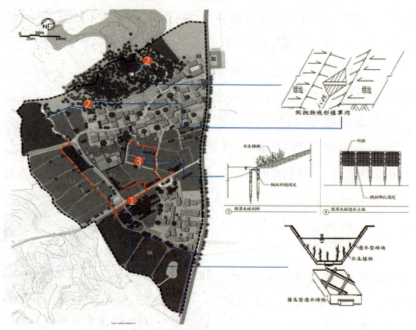

图 6-35 雨水排放初步方案

雨水渠方案如图 6-36。

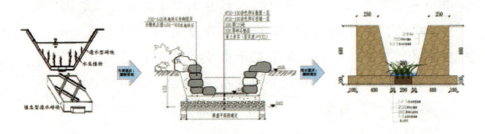

图 6-36　雨水排放生态渠方案优化流程

针对居民以上意见,项目组从居民需求、易于实际操作、具有景观观光功能出发,对雨水排放进行两轮优化。方案的优化主要从实用性出发,基于两方面:一为灌溉及农田排水方面,二主要为渠道清淤。

第一轮优化:考虑到村庄中部居民自留地现状主要种植蔬菜等农作物,规划予以部分保留,此处用地有灌溉需求。方案首先取消采用植草砖设计,考虑生态渠可以蓄得住水,又从村庄景观角度考虑,规划采用块石、碎石打造类似旱溪的生态沟。渠底自下而上依次为密实度大于等于 93% 的素土夯实、100 mm 厚碎石垫层、100 mm C15 砼(满足居民蓄得住水的要求)、直径 50～100 mm 杂色卵石密铺、直径 50～100 mm 杂色卵石散置层。

方案成形后征求居民意见,居民表示经优化的方案在清淤方面存在诸多不便,项目组随即进行第二轮方案优化。

第二轮优化:在征求方案的过程中,居民反馈目前村内自然排水土沟清淤周期为一年一次,且大多为集体组织的人工清淤,无机械操作。在清淤过程中,工人容易损坏植草砖,且水生植物在清淤过程中将全部被损毁,最好是渠道底部仍能采用现状自然土壤。

生态沟渠底部由下至上依次为素土、100 mm 碎厚石、200 mm 厚块石铺砌，并用防水砂浆嵌缝；渠道底部采用"非全硬化式"设计，即在生态渠坡脚处分别向中侧设置 50 mm 的硬化，其余 200 mm 采用素土夯实。当居民进行人工清淤时，铲至底部厚块石铺砌处即可完成清淤。此方案的好处在于渠道既可以蓄留住水，又方便了居民进行清淤，且具有一定的景观效果。

实施情况如图 6-37：

图 6-37 雨水排放设施实施情况

6.2.7 结论

通过对自然景观特色的观光休闲型乡村规划技术进行深入研究可知，针对示范点编制的村庄规划正有序指导示范点村的建设发展，目前已取得了良好效果。自然景观资源得到保护和彰显的同时，观光休闲产业逐步兴起，当地百姓的生活环境质量和收入水平都得到了稳步提高。经过示范工程建设，胜家桥自然村的农用地得到保护，村庄建设用地规模保持不变，生态用地占比达到 65.9%，空间可达性大幅度提高。其中，道路结构更加清晰，主要道路得到疏通；新增四处公共活动空间，居住空间至公共活动空间的步行距离不大于 100 m;居住空间至公共体育活动设施的步行距离不大于 200 m。

6.3 基地特色景观营造

6.3.1 乡村景观分析及评价

按照乡村景观元素分类体系,根据现场勘查,对胜家桥社区内的地形地貌、水体和植物生态景观要素做出评价,对三类景观要素进行赋值打分;通过雷达图可反映出胜家桥自然村和李家桥自然村现状自然景观条件。

(1) 地形

地形地貌作为乡村景观风貌构成的基本要素之一,是乡村地域景观的宏观面貌。按照自然形态可以把地形地貌划分为五大类型:山体、平原、丘陵、盆地、高原。由于地形地貌的不同,才会形成不同的乡村景观风貌,并且海拔高度的不同也影响了自然景观风貌、农业景观风貌和乡村聚落景观风貌。

胜家桥社区范围内地势总体西高东低,属丘陵地貌,其中最高点 86.42 m,最低点(除水域)9.65 m。全社区坡度在 0~48.9 度之间,大部分区域坡度在 15 度以下,西南角山地坡度较高。胜家桥自然村处于社区内坡地,总体地势北侧较高,南侧地势较低,乡村内部地形复杂,高低错落,空间序列丰富。李家桥自然村整体地势较低,内部地形略有起伏,南北向贯穿乡村的胜家桥路高程最高,道路两侧高程逐渐降低,呈现中间高,东西两侧低的地势(见图 6-38)。

(2) 水体

水资源对于乡村来说既是农业发展的经济命脉,因为水

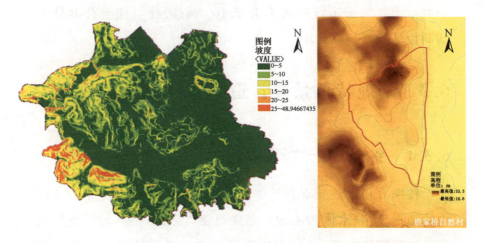

图 6-38　胜家桥社区坡度分析图

资源自身的观赏价值，同时又是乡村景观风貌构成中最有活力的要素，更是人类赖以生存和发展的必备条件。水资源的多样性特征，决定了它在不同的水体中都有着各自不同的水文条件及特征，并且决定了各种生态特征，例如沼泽、河流、湖泊等。

胜家桥社区有丰富的水资源，社区内部河网密布，且水系形态丰富，河湖池塘各异。社区水质优良，水系布局自然生态，无明显的人工干预和污染破坏，有着较好的景观风貌。社区内部尤其以邵处水库和史家水库为两处突出的水系资源。其水域广阔、水质清澈，周边生态环境较好，是社区较为宝贵的自然景观资源。胜家桥自然村内部水系多为人工水塘，水质较好，但是乡村内部水系分散，保持相对独立，缺乏与外部水系的联系与沟通。李家桥自然村相比于胜家桥自然村，水系形态自然丰富，村内的主要河流花溪从乡村西南侧流过。两个自然村内河道多为自然式驳岸，只有胜家桥桥梁两侧存在约 50 m 的硬质驳岸（见图 6-39、图 6-40）。

图 6-39　邵处水库

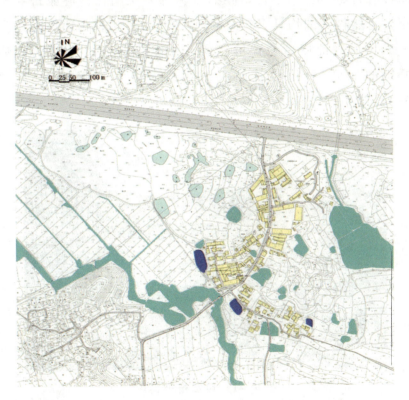

图 6-40　李家桥自然村水系分析图

（3）植被

植物区别于其他要素，最大的特点就是其自身具有生命力，能生长。植物的其他特性都来源于其具有生命力。首先，植物随着季节的不同和生长的快慢变化而不断变化，这些变化体现在植物的色彩、质地、叶丛的疏密程度以及全部特征。植物是具有生命的设计要素，是乡村景观中具有动态性的自然景观要素。

胜家桥社区植被丰富多样，并基于多样的地形地貌，形成了整体优良的生态环境和优美的大地景观。社区的主要植物品种有竹、广玉兰、茶树、桂花、果树等乡土植被。胜家桥和李家桥自然村外围均具有较高的植被覆盖率，植被郁闭度能达到0.5，民居宅前屋后均种植有乡土植物果蔬；在乡村周边地势平坦的地区，种植传统的农作物或者经济苗圃林地（见图6-41、图6-42、图6-43、图6-44）。

图 6-41　自然植被群落

图 6-42　宅旁菜地

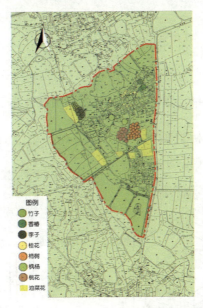

图 6-43　胜家桥自然村主要植被分布示意图

(4) 总结

在对胜家桥自然村和李家桥自然村自然性景观要素进行评价的基础上,可发现就整体而言,两个自然村具有良好的自然景观条件。从个体上看,李家桥自然村在地形和植被两大景观要

图 6-44　李家桥自然村主要植被分布示意图

素上略优于胜家桥自然村；在水体景观环境上，胜家桥自然村优于李家桥自然村（见图 6-45）。

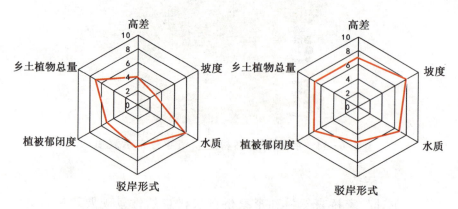

图 6-45　胜家桥自然村与李家桥自然村生态景观要素评价

6.3.2　各类空间绿化景观营造

（1）公共活动空间绿化

典型公共活动空间绿地配置模式如下所示：

①"金钱松＋粗榧""多花胡枝子＋华茶藨""诸葛菜＋菊花脑"

以"金钱松＋粗榧"为上层，"多花胡枝子＋华茶藨"为中层，"诸葛菜＋菊花脑"为下层形成秋景为主的景观。粗榧深绿色，可作为背景衬托秋季金黄色的金钱松。多花胡枝子秋季盛开蓝紫色的花，菊花脑盛开金黄色花朵，相互交映，形成美丽彩带。华茶藨的红色果实经冬不落，为冬季增添景观。

②"铜钱树""八角枫＋郁香忍冬＋八仙花""葱莲＋活血丹＋中华结缕草"

以鼠李科植物铜钱树为上层，"八角枫＋郁香忍冬＋八仙花"为中层，"葱莲＋活血丹＋中华结缕草"为下层。铜钱树果实犹如古代铜钱，非常奇特，可以作为风景林观果树种。郁香忍冬花白色，芳香，适合林下、草坪边缘观赏。活血丹也是一种观赏价值很高的野生草本，应用在公共绿地中带来野生气息。葱莲和中华结缕草混播，点缀在草坪中，开花时节星点白花，十分漂亮。

③"枫香＋樟树""山胡椒＋栀子""麦冬＋络石"

以"枫香＋樟树"为上层，"山胡椒＋栀子"为中层，"麦冬＋络石"为下层，为保健型植物配植方式。樟树、山胡椒的挥发性油类具有杀灭空气中病菌的作用，栀子、枫香抗烟尘，对有毒气体具有较强的抗性和较好的吸收能力。此外，枫香的红色叶，山胡椒的黄色叶，栀子、络石的白色花又为景观增添了季相变化。

活动场地：根据活动人群的行为活动特征，上层应以落叶乔木为主，底层可种植灌木，用以区分场地空间，应多采用常绿类植物。

村口空间：村口绿化应重点突出村口标识物的主体地位，村口标识物前方一般种植花灌木，后方种植乔木作为其背景。

（2）庭院绿化

根据庭院用途不同，其绿化模式也不相同。庭院绿化的主要植物种类为果树，如枣树、柿树、枇杷树、石榴树等，同时通过与硬质景观的结合形成葡萄架、有机果菜园等农村特色庭院空间（见图6-46）。

图6-46　典型庭院绿化景观营造规划图

（3）道路绿化

典型道路绿化配置模式如下所示：

① "青冈""栀子""麦冬"

以"青冈"为上层，"栀子"为中层，"麦冬"为下层，形成常绿的植物景观。以绿色为底色，麦冬淡紫色花朵和栀子白色花朵烘托出素雅的气氛。

② "浙江樟""六月雪""野菊"

以"浙江樟"为上层，"六月雪"为中层，"野菊"为下层，营造出富有野趣的景观。六月雪夏季开花,野菊秋季开花,浙江樟也可维持冬季景观。

③ "南京椴""南烛+白檀+秤锤树""金叶过路黄"

"南京椴"为乡土植物,作为上层,"南烛+白檀+秤锤树"为中层,"金叶过路黄"为下层,营造四季景观。南京椴为南京特有树种,树形高大挺拔,最能体现地域特色。白檀、秤锤树、南烛在春夏季节次第开放,形成优美的观赏景观。金叶过路黄的金黄色叶片为冬季提供景观。

车行道路:保留胜家桥路两侧原有的栾树,补植花灌木。村内内部车行路结合现状空间,点植或列植榉树、香樟等乔木,下层种植花灌木,如石楠、野菊花等(见图6-47~图6-49)。

图6-47 胜家桥自然村道路绿化景观营造规划图

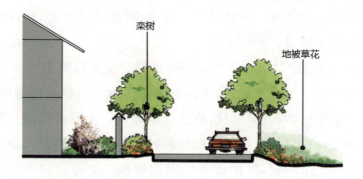

图 6-48　Y335 绿化示意图

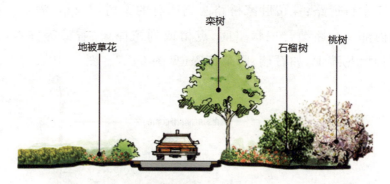

图 6-49　胜家桥自然村内部车行道路绿化示意图

人行道路：胜家桥自然村人行道路绿化以乡土花卉、瓜果蔬菜为主。在局部地段可种植小乔木或者大灌木，底层可配植花卉或绿篱（见图 6-50）。

李家桥自然村巷道保留两侧原有大树，在空间较大地段补植高大乔木，其他空间较为紧凑或景墙前侧种植小乔木、花灌木，并进行立体绿化（见图 6-51）。

（4）滨水绿化

根据胜家桥自然村和李家桥自然村水体的不同形态和驳岸的不同形式，进行绿化配置。水体岸线种植垂柳、乌桕、水杉等耐水湿的植物，打造丰富多变的水旁景观。水体驳岸以自然式

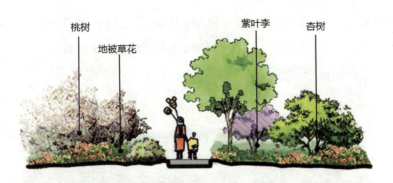

图6-50　胜家桥自然村人行道路绿化示意图

图6-51　李家桥自然村巷道绿化示意图

驳岸为主,沿岸种植鸢尾、菖蒲等水生植物,同时,利用迎春花或者黄素馨柔化已建成的硬质驳岸(如图6-52)。典型滨水绿化配置模式如下所示:

①"河柳＋枫杨""紫穗槐""芦苇＋水蓼＋水芹"

以"河柳＋枫杨"为上层。"紫穗槐"为中层,"芦苇＋水蓼＋水芹"为下层,形成富有野趣的景观。河柳和枫杨枝条开展,形态优美。紫穗槐除可观赏蓝紫色花序外,还有保持水土的作用。芦苇、水蓼和水芹在夏秋季节可形成景观。

②"苦楝""华东木蓝""芋＋慈姑"

以"苦楝"为上层,"华东木蓝"为中层,"芋＋慈姑"为下层,形成带有经济效果的绿化景观。苦楝春可观花,夏可观果。苦棟的果实还可以吸引鸟类和昆虫,从而恢复河道的生物多样性。芋和慈姑在形成观赏效果的同时,还可带来经济效益。

图6-52　胜家桥自然村滨水绿化景观设计效果图

村旁绿化:综合考虑村庄外围地形和现有植被等因素,利用两个村庄外围现有的农田和苗圃,结合村庄产业发展,通过大面积密植的方式营造大地景观;绿化植物品种的选择应与农业产业发展的类型相结合。如种植荷花、苗木、葡萄、桃树等。胜家桥自然村在保留现有山林植被的基础上,结合原有农田和空地,种植果林和蔬菜。引入体验性蔬果

图6-53　胜家桥自然村村旁绿化规划图

采摘体验,蔬菜种植区主要种植品种包括茄果类、叶菜类、瓜豆类、野菜类及葱蒜类蔬菜。果林种植区——主要种植品种包括梨树、桃树、杏树、石榴树等果树(见图 6-53、图 6-54)。

图 6-54　村旁蔬菜果林种植实景图

6.3.3　特色景观节点营造

(1) 滨水活动场地营造

在李家桥自然村人居环境提升过程中,结合村庄东南侧一处河塘进行滨水活动场地的营造。考虑到河塘水面为静态水,无防洪需求,因此不需要将驳岸硬质化处理,而采用自然式驳岸做法,用生态手法固土护坡,更能体现乡村的自然野趣。

清除原有自然驳岸边的杂草和水面枯死植物,保留原有的大乔木,适当补植垂柳、乌桕、碧桃等湿生乔灌木,以及二月兰、鸢尾、荷花等水缘、水生植物。将原有人为踩踏出的裸土步行路进行景观提升,面层采用乡土废弃建筑材料铺设,如老旧石磨盘做汀步、废弃瓦片竖铺做游步道、以废弃红砖做道路收边。并利用中国古典园林中的借景手法,近借河塘之景,设置亲水平台,提供休闲垂钓的场所(见图6-55～图6-58)。

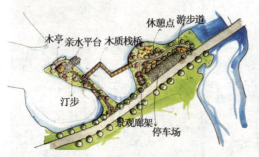

图6-55　滨水活动节点设计平面图

图6-56　滨水活动节点施工现场照片(1)

图6-57　滨水活动节点施工现场照片(2)

图6-58　滨水活动节点施工现场照片(3)

(2)村口景观节点营造

在李家桥自然村和银杏湖大道入口设置胜家桥社区的村庄入口标识,利用乡村石材和木材,进行主入口空间的标识设计,利用障景的手法,作为村庄入口视线焦点。主入口标识造型简洁,既彰显胜家桥社区特色,同时也突出了白鹭田园的标识感(见图6-59)。

主入口设计效果图　　　　　　　　主入口建成实景图

图 6-59　主入口设计效果图与建成实景图

在胜家桥自然村东北侧主入口设置村口标识,结合道路的转角空间,对现状花池进行改造,利用对景的手法,结合乡土石材和木材进行设计,与入口处的绿化景观形成对景(见图 6-60)。

图 6-60　胜家桥自然村入口设计效果图与建成实景图

（3）儿童活动场地营造

根据村民的实际需求，在胜家桥自然村中部空地建设一处儿童活动场地，场地建设采用自然生态式的手法，通过碎石铺地形成自然渗透式的生态活动场地，同时通过竹篱笆，围合形成相对安全的小空间，适合儿童及老年人健身活动（如图6-61）。

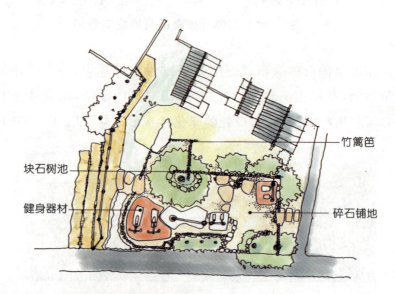

图 6-61 儿童活动场地设计平面图与建成实景图

(4) 文化活动场地营造

在李家桥自然村,对入村道路与花溪交叉口区域进行景观提升,以"喜庆丰收"为主题,彰显村庄的农耕文化。设计充分保留现状大树,并在路缘栽植观赏型时令花草以提高景观感受。设置主题性景观标识,结合漏景的手法,漏出民宅庭院景观。同时,在场地内增加休憩游览设施,供居民和游客使用(见图6-62)。

图 6-62 "喜庆丰收"活动场地设计效果图与建成实景图

6.3.4 建筑景观营造

对李家桥自然村建筑进行分区整治:对村庄主要道路沿线、景观界面和特色空间周边等重要区域的建筑进行重点景观提升(见图 6-63)。

对胜家桥自然村建筑进行分类整治:根据现状建筑的特征以及村庄功能布局,引导民居进行分类整治(见图 6-64)。

(1) 地方传统乡土建筑元素研究

布局:一般民居多为单栋式小合院形式,两侧为厢房。布局

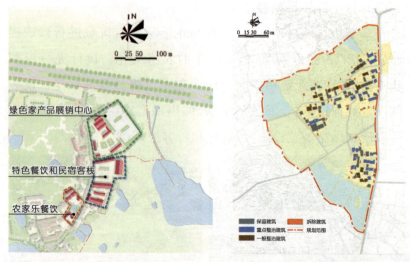

图 6-63　李家桥村入口建筑景观营造平面规划图　　图 6-64　胜家桥村建筑景观营造分类图

基本随街巷走向，以坐北朝南偏西方向为多。

色彩：传统建筑以"黑灰"为主色调，黑色瓦、灰色或灰白色墙面，木构部分通常为栗色。

屋顶：屋顶以硬山两坡形式为主，部分厢房使用单坡顶。屋面有明显的举折，坡度较太湖地区急陡。屋面出檐深远，有檐椽及飞椽构造。屋面基层常使用望砖、小青瓦铺面，屋脊平直无翘角。

墙体：传统民居部分山墙设封火山墙，多为三屏或五屏墙，阶梯跌落式，墙端方平无翘角。墙体多为青砖墙，墙裙为条石，条石上是青砖平铺实砌打底，上空斗竖砌，清水一色。部分传统民宅也有粉墙做法。

门窗：传统民居外墙较为封闭，入口成为立面装饰重点，大门上常饰以砖细门罩。外墙较少开窗，多为内向开窗，外立面上开较小窗洞，窗洞常见简洁的砖片挑檐或砖细窗券。宅院大门多用铁钉板门，铁钉构成装饰纹路。院落内部常用传统样式门窗。

装饰:传统民居装饰常见挂落、栏杆、雕饰、铺地等部件。挂落多用在门或者廊子檐下柱间。形式多样,典型的有与《营造法原》记载类似的葵式挂落和软景挂落。栏杆多用在沿街铺面及厅楼部分。常见的有直条栏杆和万字栏杆,栏杆下楼板常见有雕花护板。雕饰最典型的是入口门头、轿子门等部位雕砖,形式各异,雕工精湛。铺地,室内铺地多用落地砖铺地,庭院常见的有青石条石铺地以及砖石铺地。

(2)一般建筑景观营造

青砖老宅:表面平整且勾缝整齐的青砖墙可直接采用清洗的方式,做到墙面清洁。墙面小部分砖块、石块脱落的,清洗后选用相同或相近的材料修补破损的地方。墙面勾缝较脏或已损坏的,可重新用灰色水泥进行勾缝(见图 6-65)。

图 6-65 青砖老宅景观提升立面图

现代建筑:一般采用墙体粉刷＋踢脚粉刷的做法,踢脚线宜粉刷为深色或灰色,防止靠近地面处水渍的污染,一层建筑粉刷高度 45 cm 左右,二层及以上建筑可粉刷至窗檐下。首先,将表面污垢、油渍、砂浆流痕以及其他杂物清除干净。再将表面不平整的、较大的凹陷用聚合物水泥砂浆抹平。较小的孔洞、裂缝用水泥乳胶泥子修补。墙面找平并待其风干后方可粉刷（见图6-66、图6-67）。

图6-66　现代一层建筑景观提升立面图

图6-67　现代二层建筑景观提升立面图

（3）重点建筑景观营造

农家乐建筑：对现存瓷砖墙面进行清洗，对粉刷剥落的墙面进行粉刷，维修屋顶，对山墙等建筑构件和窗户进行修补。在上墙面添加当地特色山墙通风洞形式；对门窗进行改造，恢复花窗木门形式；对主墙面进行粉刷，墙裙铺贴三色面砖（浅灰、中灰、深灰），增加灰色腰线；带有院落的建筑，增加院落门头，整治院墙（见图6-68、图6-69）。

图 6-68　一层农家乐建筑景观提升立面图

图 6-69　二层农家乐建筑景观提升效果图

现代建筑：在常规粉刷的基础上，对位于村庄主要道路沿线、景观界面和特色空间周边等重要区域的建筑，增加装饰性粉刷，提升村庄特色。结合村庄文化和乡风民俗，在墙面粉刷乡土画、民俗画（见图 6-70）。

图 6-70　墙面装饰性粉刷建成实景图

6.3.5 结论

通过应用相应的景观营造技术,在村庄内可建设富有地域特色的景观节点;形成邻里活动空间、儿童活动空间等特色景观公共活动场所。在各个特色景观节点的建造和村庄生态保育中可充分运用乡土植被;同时,庭院景观符合村民生产生活习惯,布局设计结合庭院经济一体化模式;村庄肌理也得到保护和延续;分区分类的建筑景观营造技术,可确保建筑改造提升过程中保留有乡土记忆元素,保证新建建筑充分尊重场地自然条件,与周边环境相协调,建筑体型、朝向、间距合理;保护和修缮具有传统建筑风貌和历史文化价值的建筑。

6.4 基地污水生态处理

6.4.1 观光休闲型乡村污水生态处理示范工程

污水收集主管网沿村庄道路边沟低处设置,支管及次干管污水流入顺畅。污水收集管网自流进入调节池,然后通过一级泵提升进入生物过滤与人工湿地组合处理,正常运行的直接成本不超过 0.2 元/t 污水。主要处理设施周边现状为菜地,水池外围种植地生绿色植物,人工湿地间作种植水生景观植物美人蕉、黄菖蒲、水葱等或者经济植物水芹等,以与周边生态农业协调一致(见图 6-71)。

本设计方案采取生物过滤和人工湿地生态处理的方法,出水水质稳定的达到《城镇污水处理厂污染物排放标准》(GB 18918—2002)要求,人工湿地出水利用现有排水渠,在局部

图 6-71 污水处理设施生态化设计

区域设置部分填料和水生植物,进一步对人工湿地出水水质进行提升。污水处理尾水可以作为周边农户浇菜用水,实现污水尾水的资源化利用。

示范工程建成后,2017年2月中旬开始运行,取样多次平均水质监测结果如表6-9、图6-72~图6-75所示。

表6-9 示范工程对主要污染物的去除情况

	COD浓度（mg/L）	氨氮浓度（mg/L）	总磷浓度（mg/L）	总氮浓度（mg/L）
进水井1	90.89	17.41	3.74	25.46
进水井2	74.78	13.53	2.51	14.61
A段出水	37.39	7.63	1.78	8.93
生物出水	24.11	5.71	1.25	6.69
人工湿地出水	14.87	0.76	0.23	1.44
回用渠道	11.04	0.49	0.12	1.00

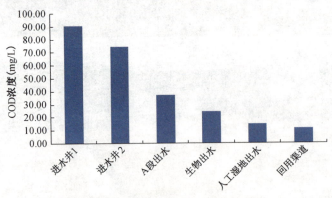

图6-72 COD沿程去除情况分析

沿着处理流程,污水中有机物浓度逐渐降低,出水COD达到14.87 mg/L,与回用渠道中11.04 mg/L较为接近,单一指标水质达到地表水环境质量标准二类水标准。以末端进水井水质

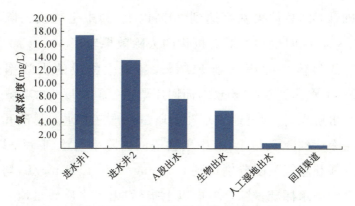

图 6-73　氨氮沿程去除情况分析

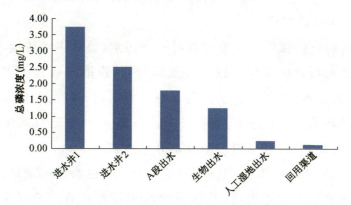

图 6-74　总磷沿程去除情况分析

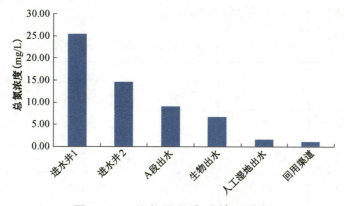

图 6-75　总氮沿程去除情况分析

为基础，COD 总体去除率达到 80% 以上，其中生物段去除率达到 67.8%，说明生物段对有机物的去除效果较好。

氨氮整体去除率达到 94.4%，其中生物段的去除率达到 67.8%，出水达到 0.76 mg/L，而回用渠道氨氮浓度为 0.49 mg/L，从出水水质来看，满足地表水环境质量标准三类水。总磷和总氮的去除率达到 90% 以上，其中生物段的去除率均达到 50% 以上，出水总磷和总氮浓度分别达到 0.23 mg/L 和 1.44 mg/L，均满足地表水四类水标准。综合考虑以上指标，出水水质满足地表水四类水标准，而且出水水质与回用的农田灌溉水质相差无几，完全达到农田灌溉需要。

目前已经接管的主要是农村居民污水，整体进水浓度不高。根据胜家桥社区现状公厕和农家乐分布，选取代表性的点进行监测，如表 6-10 所示。公厕污水整体有机物、氨氮、总磷和总氮浓度均较高，特别总氮达到 75 mg/L 以上。三处农家乐污水 COD、氨氮、总磷和总氮的浓度也分别达到 400 mg/L、30 mg/L、3 mg/L 和 40 mg/L 以上。因目前农家乐片区在河的北岸，所以村庄环境整治规划变更，北侧另建污水处理设施。长远来说南侧集中居住片区农家乐发展也会带来大量污染物的排放，进水浓度和水量会逐步提高（见表 6-10）。

表 6-10　公厕及农家乐污水水质监测表

	COD 浓度（mg/L）	氨氮浓度（mg/L）	总磷浓度（mg/L）	总氮浓度（mg/L）
公厕	465.6	63.93	5.574	75.76
农家乐 1	515.9	35.6	3.368	46.17
农家乐 2	473.2	33.42	3.191	43.63
农家乐 3	541.5	37.42	3.527	47.77

根据观光休闲型乡村建设需求,建设适于地方特色的污水收集系统,污水收集系统在管线沿途做到雨污分流,雨水就近排入乡村生态沟渠或者渗入地下。住户接口兼顾一定的雨水汇入,雨季保证污水收集系统的流速,减轻管道的堵塞;也对村民院落初期雨水进行一定的收集,削减污染负荷。污水处理系统采用调节→生态过滤→人工湿地→出水农业回用的主体工艺,既解决了观光休闲高峰期农家乐污废水汇入带来的水质水量冲击,也能保证农村污水得到生态低能耗的处理。人工湿地满足地生景观植物和水生蔬菜的生长需要,出水能满足周边农户种植菜地回用的需要,对观光休闲型乡村污水收集与处理具有较好的应用前景。

6.4.2 乡村污水生态处理设施景观改造示范工程

江宁胜家桥社区污水处理使用的是人工湿地工艺的污水处理设施,且生物滤池为地面型,高出地面约 50 cm,检查设备置于一个较为粗糙的水泥平顶构筑物内。整体风貌与周边农田风貌违和感较强(见图 6-76)。

图 6-76 胜家桥社区污水处理设施现状照片

对其景观改造分为上文所述的四部分,即人工湿地、生物滤池、周边场地与构筑物改造。人工湿地植物选择凤眼莲;生物滤池以爬山虎覆盖;人工湿地四个方向以宽2~3 m的红花檵木进行围合;构筑物通过增加茅草双坡顶、木贴面改造,改善景观效果(见图6-77、图6-78)。

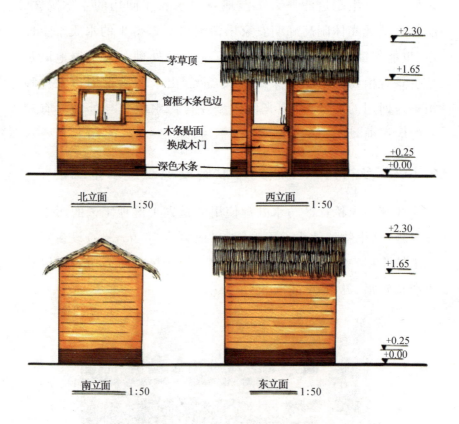

图6-77 构筑物改造立面图

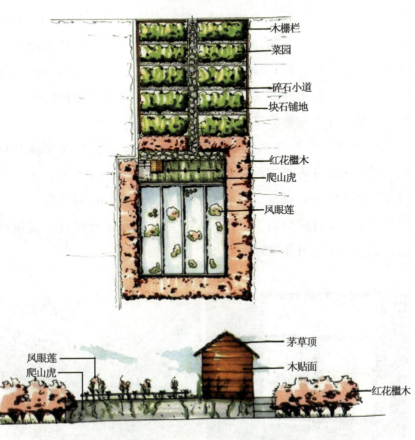

图6-78 污水处理设施景观改造平面图、立面图

6.5 基地绿色农房改造

6.5.1 示范项目概况

本示范项目位于南京市江宁区胜家桥。建筑所在地区为建筑气候分区中的夏热冬冷地区,其气候主要特征为:亚热带季风

气候，全年潮湿，过渡季节短暂，冬季、夏季周期长，夏季炎热潮闷，冬季阴冷寒凉。一般情况下，最热月为7月，平均气温28～30℃，温度高于30℃的酷热天气持续时间很长，且多为静风天气，昼夜温度都很高；最冷月为1月，平均气温2～5℃。传统民居构造简单，热工性能差，从而普通民居夏季室内闷热潮湿，冬季室内湿冷，严重影响了居民的身心健康。

该地区的农村民居建筑均为自建房，对建筑的保温隔热问题不够重视，缺乏相应的节能技术措施，能源浪费严重。示范项目1#农房为一层建筑，建筑面积约为219.53 m²，2#农房为二层建筑，建筑面积约为244.68 m²，项目参照绿色建筑一星级标准改造建设（见图6-79、图6-80）。

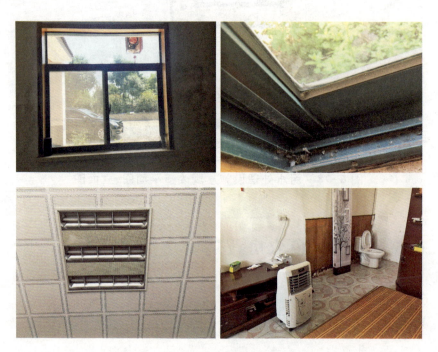

图6-79 改造前农房内部状况

图 6-80 改造前农房实景图

6.5.2 改造前测试与分析

(1) 温湿度测试

两栋民居均为砖混结构,原围护结构外墙大部分为普通黏土砖,改造前外墙平均传热系数约为 3.0 W/(m²·K),外窗传热系数为 6.4 W/(m²·K),建筑外围护结构的热工性能较差。

选择不同的时间段,分别对 1#农房和 2#农房的外墙内表面温度及室内空气相对湿度等进行测试,其中分别测试东、西、南三面外墙的内表面温度以及室内外空气温度。同时分别测试了室内外空气的相对湿度。测试时间选择在相对较炎热的 2017 年 8 月 5 日~2017 年 8 月 10 日六天。

表 6-11 1#农房夏季温湿度

检测部位		温度最大值(℃)					
		8月5日	8月6日	8月7日	8月8日	8月9日	8月10日
南墙内表面	1	34.3	35.2	35.0	31.9	29.4	32.0
西墙内表面	2	35.4	36.5	35.7	32.8	30.2	33.1
东墙内表面	3	34.4	35.4	35.1	32.1	29.6	32.0
室内空气	4	34.2	35.0	35.0	31.7	29.5	31.0

(续表)

检测部位		温度最大值(℃)					
		8月5日	8月6日	8月7日	8月8日	8月9日	8月10日
室外空气	5	36.5	37.2	36.3	33.5	31.0	34.2
		相对湿度最大值(%)					
室内空气	6	73.5	76.0	72.8	80.0	82.5	83.3
室外空气	7	89.7	92.9	82.8	93.0	96.0	91.2

表6-12 2#农房夏季温湿度

检测部位		温度最大值(℃)					
		8月5日	8月6日	8月7日	8月8日	8月9日	8月10日
南墙内表面	1	34.5	35.1	34.9	31.5	30.0	32.2
西墙内表面	2	35.4	36.3	35.9	32.7	30.3	33.2
东墙内表面	3	34.5	35.4	35.2	32.2	29.7	32.3
室内空气	4	34.1	34.9	35.1	31.5	29.6	31.1
室外空气	5	36.5	37.2	36.3	33.5	31.0	34.2
		相对湿度最大值(%)					
室内空气	6	73.4	78.0	72.2	83.6	83.0	83.1
室外空气	7	89.7	92.9	82.8	93.0	96.0	91.2

从测试结果可以看到，该两栋农房的墙壁隔热效果较差，围护结构内表面温度不满足《江苏省居住建筑热环境和节能设计标准》(DGJ32/J 71—2014)中"3.1.1 4 夏季自然通风情况下，建筑物外围护结构内表面温度不高于35℃"的设计指标，有必要进行改造。

(2) 场地噪声测试

选择不同时段不同地点，分别对1#及2#乡村农房室内及周边的噪声进行测试，作为选择适宜围护结构的依据之一。检测依据为《声环境质量标准》(GB 3096—2008)、《民用建筑隔声设计规范》(GB 50118—2010)和《绿色建筑室内环境检测技术标准》(DGJ32/TJ 194—2015)。

测试结果如下表 6-13~表 6-16 所示。

表 6-13　1#农房室外环境噪声

序号	测点位置	标准要求 [dB(A)]		平均等效声级 L_{eq} [dB(A)]		测点判定
		昼	夜	昼	夜	
1	室外测点 1	≤55	/	59	/	不合格
2	室外测点 2	≤55	/	50	/	合格
3	室外测点 3	≤55	/	50	/	合格
4	室外测点 4	≤55	/	50	/	合格

表 6-14　1#农房室内背景噪声

序号	测点位置	标准要求 [dB(A)]		平均等效声级 L_{eq} [dB(A)]		测点判定
		昼间	夜间	昼间	夜间	
1	房间一	≤45	/	39	/	合格
2	客厅	≤45	/	36	/	合格

表 6-15　2#农房室外环境噪声

序号	测点位置	标准要求 [dB(A)]		平均等效声级 L_{eq} [dB(A)]		测点判定
		昼	夜	昼	夜	
1	室外测点 1	≤55	/	54	/	合格
2	室外测点 2	≤55	/	54	/	合格
3	室外测点 3	≤55	/	55	/	合格
4	室外测点 4	≤55	/	49	/	合格

表 6-16　2#农房室内背景噪声

序号	测点位置	标准要求 [dB(A)]		平均等效声级 L_{eq} [dB(A)]		测点判定
		昼间	夜间	昼间	夜间	
1	一楼客厅	≤45	/	36	/	合格
2	二楼卧室	≤45	/	37	/	合格

从测试结果可以看到,1#与2#农房的室内背景噪声均符合《民用建筑隔声设计规范》(GB 50118—2010)规定的要求。1#农房的室外环境噪声不符合《声环境质量标准》(GB 3096—2008)规定的要求,2#农房的室外环境噪声符合规定要求。

(3) 采光测试

选择不同时段不同地点,分别对1#与2#乡村农房采光系数与室内天然光照度进行测试,作为选择适宜围护结构的依据之一。检测依据为《采光测量方法》(GB/T 5699—2008)和《建筑采光设计标准》(GB 50033—2013)。

测试结果如表6-17～表6-20所示。

表 6-17　1#农房采光系数

序号	场所名称	计量单位	技术要求	检测值	判定结果
1	卧室	%	≥2.2	2.3	合格
2	餐厅	%	≥1.1	1.1	合格
3	厨房	%	≥2.2	2.3	合格

表 6-18　1#农房室内天然光照度

序号	场所名称	计量单位	技术要求	检测值	判定结果
1	卧室	lx	≥300	524	合格
2	餐厅	lx	≥300	314	合格
3	厨房	lx	≥300	301	合格

表 6-19 2#农房采光系数

序号	场所名称	计量单位	技术要求	检测值	判定结果
1	二层卧室1	%	≥2.2	2.5	合格
2	二层卧室2	%	≥2.2	2.6	合格
3	一层卧室1	%	≥2.2	2.3	合格
4	一层卧室2	%	≥2.2	2.2	合格

表 6-20 2#农房室内天然光照度

序号	场所名称	计量单位	技术要求	检测值	判定结果
1	二层卧室1	lx	≥300	334	合格
2	二层卧室2	lx	≥300	354	合格
3	一层卧室1	lx	≥300	315	合格
4	一层卧室2	lx	≥300	302	合格

从测试结果可以看到,1#农房与2#农房的采光系数、室内天然光照度符合《建筑采光设计标准》(GB 50033—2013)要求,检测结果均符合规定。

6.5.3 改造方案

本项目日照满足要求,且未对周边住宅产生日照影响。建筑物周围人行区风环境合理,不影响人们正常室外活动的基本要求,基本没有通风不畅的情况发生,各项指标满足要求。建筑采用适应当地气候条件的平面形式及总体布局。本项目无玻璃幕墙,外窗可开启面积比例达到35%以上,能使建筑获得良好的通风。合理设置外窗,充分利用自然采光。

根据测试结果可以发现,现有建筑的声环境及采光都已经可以满足现有的相关标准,因此对该两栋农房的改造主要进行的是围护结构改造、水系统改造以及可再生能源利用改造。

(1) 围护结构改造

本项目建筑外墙采用膨胀聚苯板(简称 EPS 保温板)外墙外保温系统 40 mm,改造后外墙传热系数达到 0.80 W/(m²·K);屋面采用挤塑聚苯板(简称 XPS 保温板)作为保温材料 55 mm,改造后屋面传热系数达到 0.56 W/(m²·K)。

民居原外窗大部分为铝合金单层玻璃窗,个别外窗为单层玻璃木窗,传热系数较低,气密性较差。现更换为断桥铝合金窗 6+12Ar+6,传热系数由改造前的 6.4 W/(m²·K)降低到改造后的 2.7 W/(m²·K),改造后外窗气密性达到 6 级。

表 6-21 建筑材料热工参数

材料名称	干密度 (kg/m³)	导热系数 [W/(m·K)]	蓄热系数 [W/(m²·K)]	修正系数 α		选用依据
				α	使用部位	
挤塑聚苯板(XPS板)($\rho=25$)	25	0.030	0.54	1.25	屋顶	江苏省建筑节能材料热物理性能参数表(试行)
膨胀聚苯板(EPS板)($\rho=18$)	18	0.041	0.36	1.20	外墙/热桥梁/热桥过梁/热桥楼板	江苏省建筑节能材料热物理性能参数表(试行)

表 6-22 门窗热工参数

门窗类型	传热系数 [W/(m²·K)]	玻璃遮阳系数	气密性等级	选用依据
断桥铝合金窗 6+12Ar+6	2.70	0.81	6	《江苏省居住建筑热环境和节能设计标准》(DGJ32/J 71—2014)

(2) 水系统改造

结合江宁区农村实际情况，室外车位采用植草砖铺设。

图 6-81　外墙采用 EPS 保温板　　图 6-82　屋面采用 XPS 保温板

(3) 可再生能源利用改造

建筑安装太阳能热水器，热水器采用 20 管—155L 太阳能热水器。

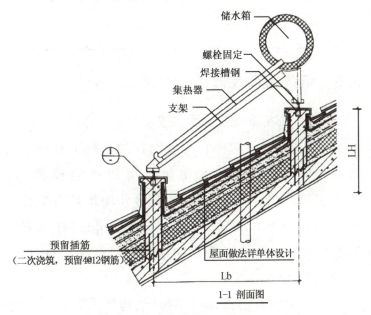

图 6-83　热水器安装做法

6.5.4 增量分析

根据前文的改造方案,对本项目绿色建筑改造的材料增量成本进行估算,具体如表6-23所示。

表6-23 绿色建筑改造的材料增量成本估算

改造技术	增量单价（元）	应用量	应用面积（m²）	增量成本（万元）
节能外墙保温系统	80	1#、2#楼的外墙	589.36	4.71
节能屋顶保温系统	90	2#楼的屋面	174.20	1.57
节能外窗	600	1#、2#楼的外窗	50.53	3.03
太阳能热水器	2000	1#、2#各一套		0.40
植草砖	20		50	0.10
合计（万元）		9.71		

6.5.5 示范工程改造后效果测试与分析

（1）墙体传热系数及室内温湿度测试

改造后,对1#与2#农房外围护结构热工性能进行了现场测试。检测依据为《居住建筑节能检测标准》（JGJ/T 132—2009）。改造后,1#与2#农房外墙传热系数分别达到0.80 W/(m²·K)、0.82 W/(m²·K),满足《江苏省居住建筑热环境和节能设计标准》（DGJ32/J 71—2014）中的相关要求,改善了室内热环境。

1#民居院内有一栋建筑年代、结构形式等相似的建筑,选取其为对照建筑。2017年12月22日～2017年12月29日采用建筑热工温度热流巡回检测仪、室内温湿度自动记录仪对1#、

图 6-84　改造后农房实景图

2#农房及参照建筑的室内温湿度进行测试,分别选取两栋建筑的一层客厅及卧室进行对比分析,测试结果见表 6-24。

表 6-24　测试房间温湿度平均值对比

项目	空气温度(℃)			相对湿度(%)		
	1#农房	2#农房	对比建筑	1#农房	2#农房	对比建筑
客厅	9.2	8.9	7.5	78.2	77.5	82.5
卧室	9.5	8.8	7.8	78.5	78.4	83.1

另外,对 1#农房、2#农房及未改造民居的室内外墙表面温度进行了对比测试,见表 6-25。

表 6-25　测试房间外墙内表面温度对比

部位	内表面温度(℃)			室外空气温度(℃)
	1#农房	2#农房	对比建筑	
东墙	9.1	9.0	6.0	7.0
南墙	9.3	9.1	6.1	
西墙	8.9	8.7	5.8	
北墙	8.0	8.2	5.1	

测试表明,改造后的 1#、2#农房相对于未改造农房有更好的室内热环境。其中,改造后的 1#、2#农房室内空气平均温度提高 1℃以上、室内外墙内表面平均温度提高 3℃以上,室内相对湿度降低 5%以上。

（2）场地噪声测试

农房改造后，分别对 1#、2# 乡村农房室内及周边的噪声进行测试。检测依据为《声环境质量标准》(GB 3096—2008)、《民用建筑隔声设计规范》(GB 50118—2010) 和《绿色建筑室内环境检测技术标准》(DGJ32/TJ 194—2015)。

测试结果如表 6-26～表 6-29 所示。

表 6-26　1# 农房室外环境噪声

序号	测点位置	标准要求 [dB(A)]		平均等效声级 L_{eq} [dB(A)]		测点判定
		昼	夜	昼	夜	
1	室外测点 1	≤55	/	54	/	合格
2	室外测点 2	≤55	/	51	/	合格
3	室外测点 3	≤55	/	51	/	合格
4	室外测点 4	≤55	/	49	/	合格

表 6-27　1# 农房室内背景噪声

序号	测点位置	标准要求 [dB(A)]		平均等效声级 L_{eq} [dB(A)]		测点判定
		昼间	夜间	昼间	夜间	
1	房间一	≤45	/	38	/	合格
2	客厅	≤45	/	35	/	合格

表 6-28　2# 农房室外环境噪声

序号	测点位置	标准要求 [dB(A)]		平均等效声级 L_{eq} [dB(A)]		测点判定
		昼	夜	昼	夜	
1	室外测点 1	≤55	/	52	/	合格
2	室外测点 2	≤55	/	53	/	合格
3	室外测点 3	≤55	/	53	/	合格
4	室外测点 4	≤55	/	49	/	合格

表6-29 2#农房室内背景噪声

序号	测点位置	标准要求[dB(A)]		平均等效声级 L_{eq} [dB(A)]		测点判定
		昼间	夜间	昼间	夜间	
1	一楼客厅	≤45	/	36	/	合格
2	二楼卧室	≤45	/	36	/	合格

从测试结果可以看到,1#与2#农房的室内背景噪声均符合《民用建筑隔声设计规范》(GB 50118—2010)规定的要求,且由于更换了气密性更好的窗户,室内背景噪声值较改造前有一定的减小,改善了室内声环境。

(3) 采光测试

农房改造后,分别对1#及2#乡村农房采光系数与室内天然光照度进行测试。检测依据为《采光测量方法》(GB/T 5699—2008)和《建筑采光设计标准》(GB 50033—2013)。

测试结果如表6-30~表6-33所示。

表6-30 1#农房采光系数

序号	场所名称	计量单位	技术要求	检测值	判定结果
1	卧室	%	≥2.2	2.4	合格
2	餐厅	%	≥1.1	1.8	合格
3	厨房	%	≥2.2	2.9	合格

表6-31 1#农房室内天然光照度

序号	场所名称	计量单位	技术要求	检测值	判定结果
1	卧室	lx	≥300	571	合格
2	餐厅	lx	≥300	431	合格
3	厨房	lx	≥300	712	合格

表 6-32 2#农房采光系数

序号	场所名称	计量单位	技术要求	检测值	判定结果
1	二层卧室 1	%	≥2.2	2.9	合格
2	二层卧室 2	%	≥2.2	2.8	合格
3	一层卧室 1	%	≥2.2	2.9	合格
4	一层卧室 2	%	≥2.2	2.5	合格

表 6-33 2#农房室内天然光照度

序号	场所名称	计量单位	技术要求	检测值	判定结果
1	二层卧室 1	lx	≥300	790	合格
2	二层卧室 2	lx	≥300	749	合格
3	一层卧室 1	lx	≥300	776	合格
4	一层卧室 2	lx	≥300	662	合格

从测试结果可以看到,1#农房与 2#农房的采光系数、室内天然光照度符合《建筑采光设计标准》(GB 50033—2013)要求。由于更换了高透光的窗户,且室内重新进行装修,室内采光系数及天然光照度较改造前有了较大的改善,提高了室内光环境质量。

6.6 基地长效管理建议

6.6.1 构建自治组织系统,推动共管、共建

在村庄建设过程中,应形成涵盖决策组织、执行组织、监察组织、评议组织、降噪组织、纠错组织、信息反馈组织的自治组织运作系统,使村民由被动变主动,发挥监督、协调作用,多元化参与管理。

在特色景观营造、污水生态处理、绿色农房改造等具体项目建设时,征求村民的想法和意见,鼓励"齐参与、共建设",同时针

对基地观光休闲型产业发展需求,对分散经营的农户按服务业态进行统一培训、统一管理,确立包括餐饮、住宿等在内的各行业经营建设标准和服务标准,确保村民服务水平满足游客观光休闲要求,提升基地对外服务的形象。

6.6.2 明确划分空间权属,确定治理范围

公共与私人空间权属的边界,既代表着公共财产和私人财产的划定边界,也是村集体公共管理权限的边界。由于事先没有厘清空间权属,导致建设整治中矛盾纠纷多;建设整治后,公共空间被随意侵占、破坏,难以长效管理。尤其是环境卫生和绿化景观环境的日常管理。通常,在垃圾、杂物堆放方面,农民倾向于占用更多的外部空间;在种植养殖方面,更多的利用各类非建筑用地。如果缺乏明确的空间权属划分,将很难开展工作说服农民,发挥群众公共监督功能。因此,在美丽乡村建设整治完成后,应及时划定公共与私人空间权属的边界,分类确定公共管理范围与治理要求,村民私人治理范围与治理引导措施,才能有效地保护乡村景观环境与建设成效。

6.6.3 完善利益分配机制,建立管理基础

村庄的建设整治工作的完成,只是美丽乡村建设的第一步。后期的长效管理维护需要资金支撑,村民参与维护的积极性也需要通过合理收益带动。建议示范基地通过集体商讨,形成集体与个人共同遵守的乡村运营合作与利益分配制度。村集体重点通过盘活集体资产,提高收入;村民用自有资产规范经营,提高收入。集体收入应明确使用规则,重点用于推动乡村旅游和改善公共环境,保证公共卫生环境维护、绿化景观提升和基础设施长效运行,为长期发展和提升进行资金储备。

参 考 文 献

［1］ 张红英. 发展观光休闲乡村旅游的机遇与策略研究［J］. 中国农业资源与区划,2016,37(07):228-231.

［2］ 陈莹. 苏南"特色田园乡村"规划策略研究［D］. 苏州科技大学,2017.

［3］ 岳枫. 乡村旅游,休闲时代的新风向——访国际休闲产业协会副主席、休闲乡村专业委员会主任朱至珍［J］. 中国乡镇企业,2013,03:09-11.

［4］ 王敏,陈国忠,孙文秀. 乡村旅游资源分类与评价体系探讨——以山东临清市乡村旅游规划为例［J］. 齐鲁师范学院学报,2015,30(04):91-96.

［5］ 杨知洁,车生泉. 上海乡村聚落形态及景观风貌浅析［J］. 上海交通大学学报(农业科学版),2010,28(03):225-231.

［6］ 汪彩琼. 新时期浙江美丽乡村建设的探讨［J］. 浙江农业科学,2012(08):1204-1207.

［7］ 柳兰芳. 从"美丽乡村"到"美丽中国"——解析"美丽乡村"的生态意蕴［J］. 理论月刊,2013(09):165-168.

［8］ 黄克亮,罗丽云. 以生态文明理念推进美丽乡村建设［J］. 探求,2013(03):5-12.

［9］ 陈秋红,于法稳. 美丽乡村建设研究与实践进展综述［J］. 学习与实践,2014(06):107-116.

［10］ 邬建国. 景观生态学——格局、过程、尺度与等级［M］. 北京:高等教育出版社,2000.

［11］ 宇振荣,等. 乡村生态景观建设:理论与方法［M］. 北京:中国

林业出版社，2011.

[12] OPDAM P, STEINGRÖVER E, ROOIJ S V. Ecological networks: A spatial concept for multi-actor planning of sustainable landscapes[J]. Landscape and Urban Planning, 2006, 75(3-4): 322-332.

[13] BARRETO L, RIBEIRO M C, VELDKAMP A, et al. Exploring effective conservation networks based on multi-scale planning unit analysis. A case study of the Balsas sub-basin, Maranhão State, Brazil[J]. Ecological Indicators, 2010, 10(5): 1055-1063.

[14] 吴文媛. 乡村规划的思考与探索[J]. 住区, 2015(5): 72-81.

[15] YUICHI Y, SUSUMU I, MAKOTO S, et al. Bird responses to broad-leaved forest patch area in a plantation landscape across seasons[J]. Biological Conservation, 2009, 142(10): 2155-2165.

[16] OESTERLE P, KUEHLER C, LIEBERMAN A A. Survival, dispersal, and home-range establishment of reintroduced captive-bred puaiohi, Myadestes palmeri[J]. Biological Conservation, 2003, 111(1): 1-9.

[17] VOGT P, FERRARI J R, LOOKINGBILL T R, et al. Mapping functional connectivity[J]. Ecological Indicators, 2009, 9(1): 64-71.

[18] 彭震伟, 王云才, 高璟. 生态敏感地区的村庄发展策略与规划研究[J]. 城市规划学刊, 2013(3).

[19] 李琳, 冯长春, 王利伟. 生态敏感区村庄布局规划方法——以潍坊峡山水源保护地为例[J]. 规划师, 2015(4): 117-122.

[20] 欧阳志云, 王如松, 赵景柱. 生态系统服务功能及其生态经济价值评价[J]. 应用生态学报, 1999(05): 635-640.

[21] 谢高地,甄霖,鲁春霞,等.一个基于专家知识的生态系统服务价值化方法[J].自然资源学报,2008(05):911-919.

[22] COSTANZA R,d'ARGE R,GROOT R D,et al. The value of the world's ecosystem services and natural capital 1[J]. World Environment,1998,25(1):3-15.

[23] 陈彦光.基于Moran统计量的空间自相关理论发展和方法改进[J].地理研究,2009(06):1449-1463.

[24] 张松林,张昆.局部空间自相关指标对比研究[J].统计研究,2007(07):65-67.

[25] 安超,沈清基.基于空间利用生态绩效的绿色基础设施网络构建方法[J].风景园林,2013(2):22-31.

[26] 傅娟,许吉航,肖大威.南方地区传统村落形态及景观对水环境的适应性研究[J].中国园林,2013(8):120-124.

[27] 李健.当代中国休闲观光农业发展模式研究——以枣庄冠世榴园为例[D].山东大学,2011.

[28] 朱孟钰,董宁.休闲农业发展模式探讨[J].热带农业科学,2010年2月第30卷第2期,第70-74页.

[29] 李健.当代中国休闲观光农业发展模式研究[D].山东大学.

[30] 法国农业[Z],2010年5月11日.

[31] LIER VAN. The role of land use Planning in sustainable rural systems. Landscape and Urban Planning,1998.

[32] 郑诗华.台灣及日本農地政策與管理制度之研究,財團法人豐年社,1991.

[33] JONES B,TEART. Australian national ecotourism strategy. UNEP Industry and Environment,1996.

[34] 刘滨谊,王云才.论中国乡村景观评价的理论基础与指标体系[J].中国园林,2002(5):75-76.

[35] 李莹.浅析建设美丽乡村的景观要素[J].美术教育研究,2014

(24):58.

[36] ZHAO Y, COLLUM S, PHELAN M, et al. Preliminary investigation of constructed wetland incorporating microbial fuel cell: Batch and continuous flow trials[J]. Chemical Engineering Journal, 2013, 229(229):364-370.

[37] 林晨. 凤眼莲对污水中重金属的吸收及其机理[D]. 福建农林大学, 2013.

[38] FANG Z, SONG H, YU R, et al. A microbial fuel cell-coupled constructed wetland promotes degradation of azo dye decolorization products[J]. Ecological Engineering, 2016, 94:455-463.

[39] 孙迎雪, 胡银翠, 孙云祥, 等. 反硝化生物滤池深度脱氮机理[J]. 环境工程学报, 2012, 6(6):1857-1862.

[40] 解明镜. 湘北农村住宅自然通风设计研究[D]. 湖南大学博士论文, 2009.

[41] 刘晋. 改善重庆农村住宅室内热环境的设计研究[D]. 重庆大学硕士论文, 2010.

[42] 扬令. 鄂东北地区农村住宅节能设计研究[D]. 武汉理工大学硕士论文, 2008.

[43] 董洪庆. 关中农村住宅形态与节能设计研究[D]. 西安建筑科技大学硕士论文, 2009.

[44] 王薏淋. 夏热冬冷地区生态农宅设计策略的研究——以江西省安义县为例[D]. 南昌大学硕士论文, 2012.

[45] 张瑞娜. 基于气候适应的北方农村住宅节能设计与技术方法研究[D]. 大连理工大学硕士论文, 2012.

[46] 刘文合. 基于可再生能源利用的农村住宅技术系统设计研究[D]. 哈尔滨工业大学博士论文, 2009.

[47] 马丁. 山东地区绿色农房技术导则研究[D]. 山东建筑大学硕士论文, 2014.